DASS ICH MITTEN UNTER IHNEN WOHNE

UND SIE SOLLEN MIR EIN HEILIGTUM
ERRICHTEN, DASS ICH MITTEN
UNTER IHNEN WOHNE
EXODUS 25:8

DASS ICH MITTEN UNTER IHNEN WOHNE

HISTORISCHE SYNAGOGEN

FOTOGRAFIEN
VON
NEIL FOLBERG
MIT EINEM ESSAY
VON
YOM TOV ASSIS
ÜBERSETZT VON ILSE STRASMANN

ZWEITAUSENDEINS

INHALT

DIE KRONE DER ALTEN SIND KINDESKINDER ...
Sprüche 17:6

DIE VÄTER SIND EINE KRONE DER KINDER, UND DIE KINDER
SIND EINE KRONE DER VÄTER.
Midrasch Bereschit Raba, Toldot

MEINEN ELTERN UND MEINEN KINDERN.
N. F.

בס״ד

DIESES BUCH KANN ERSCHEINEN, WEIL ES GROSSZÜGIG
UNTERSTÜTZT WURDE VON:

MARJORIE UND IRVING COWAN, LEONARD FRIEDLAND
SOWIE ANNETTE UND JACK FRIEDLAND,
IN LIEBEVOLLEM GEDENKEN AN SAMUEL NATHAN FRIEDLAND.

STEVEN AMES UND DEM HARRIETT AMES CHARITABLE TRUST,
IN LIEBEVOLLEM GEDENKEN AN HARRIETT AMES.

DASS DIESES BUCH ERSCHEINEN KANN UND DIE VIELEN UND WEITEN REISEN
MÖGLICH WURDEN, IST AUCH GANZ WESENTLICH DER UNTERSTÜTZUNG
VON JOSEPH FOLBERG ZU VERDANKEN. SEIN RAT UND SEIN UNERSCHÜTTERLICHER
ZUSPRUCH SIND FÜR ALLE AN DIESEM VORHABEN BETEILIGTEN
EINE WICHTIGE ERFAHRUNG GEWESEN, DIE BESTAND HABEN WIRD.

DIE FOTOGRAFISCHE ARBEIT HABEN DARÜBER HINAUS UNTERSTÜTZT
UND GEFÖRDERT: DIE BY-PROD CORPORATION, DAVID DEVINE,
EL-AL ISRAEL AIRLINES, MICHAEL ELIAS, ERIC E. ESTORICK,
GEORGEANNE UND JAMES GARFINKEL, DIE DAVID H. GLUCK FOUNDATION,
DER RICHARD AND RHODA GOLDMAN FUND, ARTHUR GOODWIN,
HADAR PHOTO AGENCIES, F. ROD HOLT, WALTER UND JOSEPHINE LANDOR,
DIE JOE AND EMILY LOWE FOUNDATION, RICHARD SMOOKE SOWIE
DIE VISION GALLERY, SAN FRANCISCO.

DIE APERTURE-STIFTUNG MÖCHTE IHNEN UND ALLEN,
DIE DEN FOTOGRAFEN NEIL FOLBERG BEI SEINEN REISEN ZUR SEITE STANDEN
UND DAZU BEIGETRAGEN HABEN,
DASS DIESES BEISPIELLOSE UNTERNEHMEN REALISIERT WERDEN KONNTE,
IHREN TIEFEN DANK AUSSPRECHEN.

EIN HAUS DER VERSAMMLUNG EIN ORT DES LICHTS

VON NEIL FOLBERG

Und sie sollen mir ein Heiligtum errichten, daß ich mitten unter ihnen wohne…

Exodus 25:8

Wenn die Israeliten beten, findest du nicht, daß alle auf einmal beten, sondern jede Gemeinde (Synagoge) betet für sich; erst diese, dann eine andere Gemeinde, und wenn alle Gemeinden ihre Gebete beendet haben, dann nimmt der Engel, der über die Gebete gesetzt ist, alle Gebete, welche in allen Gemeinden gebetet wurden, zusammen und macht daraus Kränze und setzt sie auf das Haupt Gottes…

Midrasch Schemot Rabba, Seder Beschalach

An allen Ecken und Enden der Erde habe ich Synagogen aufgesucht und die sichtbaren Erinnerungen an jüdische Gemeinden in diesem Buch versammelt – als Kranz und Krone für das jüdische Volk. Aber nur ein Engel könnte diese Aufgabe wirklich durchführen, denn Juden finden sich praktisch in jedem Land und haben an fast jedem Ort zu irgendeiner Zeit gelebt. Mein Blick war subjektiv und selektiv: Ich wollte etwas von dem Geist und dem kulturellen Umfeld jeder Gemeinde wachrufen und dabei die Mannigfaltigkeit der Architektur und der Ornamentik zeigen, die das geistliche Streben, die Ästhetik und die Geschichte jener Menschen spiegeln, die die Synagogen gebaut haben und sie in vielen Fällen nach wie vor benutzen.

Vor hundert Jahren wäre ein solches Projekt ein kühnes Abenteuer gewesen und hätte eines ganzen Lebens bedurft, weil das Reisen mühsam war, die Juden in der Diaspora so verstreut lebten und manchmal nur noch wenige Spuren von ihrer Existenz erhalten sind. Heute ist das Reisen einfacher, aber viele Bauwerke sind inzwischen verfallen oder existieren nicht mehr; oft sind Synagogen in Speicher oder Kulturzentren verwandelt worden, in Bibliotheken, Moscheen oder Kirchen. Ihre ursprüngliche Form und ihre eigentliche Aufgabe sind unter Schichten von Staub oder Farbe verloren, so daß nur ein Aficionado noch etwas von Interesse zu entdecken vermag.

Trotzdem gibt es noch viele Orte, die ein einzelner gar nicht aufsuchen könnte, deshalb habe ich eine Auswahl unter den alten Synagogen getroffen, die noch gut erhalten sind. Einige von diesen Synagogen sind längst dokumentiert; andere werden auch Fachleuten nicht bekannt sein. Jede Leserin und jeder Leser dieses Buches wird mir wahrscheinlich von einer Synagoge erzählen können, die ich hätte aufnehmen sollen, von einer Synagoge, die ihr oder ihm am Herzen liegt. Ich kann nur hoffen, daß Sie, wenn Sie in diesem Buch blättern, eine andere finden, die den Geist jener Synagoge wachruft, die Sie kennen.

So betrachtet sind die Aufnahmen in diesem Buch persönliche Urkunden. Oft ging ich in diese Gebäude, um ein paar Minuten allein zu sein und zu beten, bevor die anderen eintrafen, oder ich blieb noch, nachdem sie fort waren. In Synagogen, die nicht mehr oder nur gelegentlich benutzt werden, mußte ich versuchen, die Gegenwart der Gemeinde zu imaginieren. Wenn jemand in Ihrer Abwesenheit Ihre Wohnung beträte und etwas über Sie erfahren wollte, könnte er die Bilder an den Wänden betrachten, die Dinge auf dem Schreibtisch prüfen und in den Büchern blättern. So versuchte ich, von einem leeren Raum Fotos zu machen, die noch die Menschen zeigen, die ihn benutzt, und die Geister, die ihn entworfen haben. Ich hoffe, gewisse Aspekte der kollektiven

Seite 1: KAPITELL DER SYNAGOGE IN CAESAREA. MIT FREUNDLICHER GENEHMIGUNG DES ISRAEL MUSEUM, JERUSALEM, UND DER ISRAEL ANTIQUITIES AUTHORITY

Seite 2: DER STUHL DES MAHARAL IN DER ALTNEUSCHUL IN PRAG, TSCHECHISCHE REPUBLIK

Gegenüber: PARDESI-SYNAGOGE UND JÜDISCHER GLOCKENTURM, COCHIN, INDIEN

Persönlichkeit einer Gemeinde deutlich gemacht zu haben, so daß das Abbild sagt: »Dies ist mein Platz, der Stuhl, auf dem ich in den ersten Stunden eines Sabbatmorgens sitze und das Spiel des Lichts beobachte.«

Damit komme ich zu meiner Arbeitsmethode, die sich hoffentlich beim Betrachten der Fotos nicht aufdrängt und dauernd sichtbar ist; nicht weil sie ein Geheimnis wäre, sondern weil sie nur Mittel zum Zweck ist. Das Mittel ist die fotografische Technik; der Zweck oder das Ziel ist eine ästhetische Aussage, das Foto. Der Kunstkritiker Jacob Bronowski meint, wir sollten uns, wenn wir ein Kunstwerk betrachten, die Frage stellen: Warum hat es der Künstler gerade so gemacht? Eine kurze Erörterung meiner Vorgehensweise vermittelt Ihnen vielleicht einen Einblick.

Die erste Form von Materie, die Gott schuf, war das Licht. Mit diesem Licht brachte Er Ordnung ins Universum. Mit dem Licht gab Er dem Universum ein Zentrum. So benutzt der Künstler das Licht, um eine Stimmung zu erzeugen und die Dinge in seiner kleinen Welt zu definieren. In einem abgegrenzten Raum zu arbeiten, so groß er auch sein mochte, gab mir die Möglichkeit, das Licht zu formen, oder jenes Licht zu schaffen, das meiner Absicht diente.

Es war ein Niveau von Kreativität, wie es mir zuvor nie zur Verfügung gestanden hatte, aber natürlich bringt jede Freiheit eigene Beschränkungen mit sich. Ich benutzte meine eigene Beleuchtungsausstattung und hatte in Max Richardson einen begabten Helfer, der viel Erfahrung mit Beleuchtung hatte. Wir schleppten rund hundert Kilo Gerät mit, nämlich zwei Sätze Elektronenblitzausrüstung und eine weitere Tasche mit Stativen und Dreifüßen, Verlängerungskabeln und einer Vielzahl von Zwischensteckern, die wir nach den Ländern benannten, aus denen sie kamen: »Usbekistan«, »Marokko«, »Deutschland« und so weiter. Um so große Räume auszuleuchten wie die, in denen wir arbeiteten, mußten wir das vorhandene Licht mit unseren bis zu sieben Blitzlichtgeräten kombinieren.

Manchmal war der Blitz das Hauptlicht, mit dem wir das vorhandene Licht außer Kraft setzen mußten, aber oft benutzten wir ihn, um bestimmte Bereiche hervorzuheben oder um tiefe Schatten aufzuhellen. Nur sehr selten machte ich eine Aufnahme mit nur einer Belichtung (wie lang auch immer) für den Blitz wie für das vorhandene Licht. Vielmehr entwickelte ich eine Arbeitsweise, die es uns erlaubte, das natürliche Licht der Umgebung von den vielen Blitzbelichtungen zu trennen.

Diese Fotos wurden also mit einer Vielzahl von Belichtungen, eine über der anderen, auf einer einzigen Filmplatte hergestellt – bis zu fünfzig für ein einziges Bild. Dabei durften natürlich keine Gegenstände auf dem Foto sein, die nicht absolut fest standen. Ein vom Luftzug bewegter Kronleuchter mußte so gut wie möglich verankert werden, um jedes Schwanken zu unterbinden. Sonst hätten Sie nicht etwa eine verschwommene Form, sondern mehrere scharfe Gespensterbilder gesehen. Natürlich konnten wir erst recht keine Menschen auf Fotos mit vielen Belichtungen einbeziehen. Dafür machte es mir diese Technik möglich, ein Bild zu fotografieren, das zunächst nur in meinem Kopf existierte.

Wenn Sie eingetreten wären, während wir Aufnahmen machten, wären Sie vielleicht in der Dunkelheit über ein Kabel gestolpert. Bestimmt hätten Sie die Synagoge nicht so gesehen, wie wir sie auf den Fotos zeigen. Wie aber, werden Sie vielleicht fragen, sieht die Synagoge wirklich aus?

BLICK AUS DEM ARON KODESCH, FLORENZ, ITALIEN

Ein bißchen sieht sie aus wie auf dem Foto, das hängt davon ab, zu welcher Tages- oder Nachtzeit Sie sie aufsuchen, wieviel Sie über ihre Menschen, ihre Bräuche, ihre Gebete und ihre Geschichte wissen – und wie Ihnen das Frühstück geschmeckt hat. Kurz, sie sieht so aus, wie Sie sie sehen. Meine Fotos zeigen, wie ich sie sah.

Einige Überlegungen zur Architektur der Synagoge. In einer Kathedrale, so scheint mir, soll sich der Mensch angesichts der Herrlichkeit Gottes klein fühlen. In einer großen Kirche liegt das Gewicht auf dem göttlichen Aspekt der Beziehung zwischen den Menschen und Gott. Gott ist groß und schön, wir aber sind klein und unbedeutend, und die Architektur ist dafür die räumliche Metapher. Juden dagegen sind für die Frömmigkeit in ihrem Leben selbst verantwortlich und erwarten sie nicht als ein durch göttliche Gnade von oben gemachtes Geschenk.

Es gibt da ein Gleichnis, das zeigt, wie wir uns selbst auf die Göttlichkeit vorbereiten können. Ein König möchte im Hause eines guten Freundes speisen. Dieser Mann lebt bescheiden und bereitet sich mit dem wenigen, was er hat, auf seinen königlichen Gast vor, wie auf einen gewöhnlichen Menschen. Aber als der König kommt, folgen ihm seine Diener mit goldenen Leuchtern. *Als der Freund die ganze Pracht sah, schämte er sich und verbarg alles, was er für ihn zugerichtet hatte, weil alles zu gewöhnlich war. Habe ich dir nicht gesagt, sprach der König zu ihm, daß ich bei dir speisen werde, warum hast du für mich nichts zurecht gemacht? Der Freund antwortete ihm: Ich sah diese ganze Pracht, welche mit dir kam, und ich schämte mich und verbarg alles, was ich für dich zurecht gemacht hatte... Bei deinem Leben, beteuerte der König, ich werde alle meine Gefäße, die ich mitgebracht habe, aus Liebe zu dir nicht in Gebrauch nehmen, sondern mich nur der deinigen bedienen... So machte Israel das Heiligtum und stellte die Menora in die Mitte. Als nun alles dies geschehen war, fand sich die Schechina ein.*

Midrasch Bemidbar Rabba, Seder Baha'alotscha

Im Hebräischen nennen wir die Synagoge *Bet Knesset* – ein Haus der Versammlung. Das drückt nicht nur aus, wozu sie da ist, sondern weist auch auf die Gemeinde hin, die sie benutzt.
In der traditionellen orthodoxen Bet Knesset gibt es zwei Pole der Aktivitäten. Der eine befindet sich meistens im Zentrum des Raumes, mitten unter den Menschen – das ist die *Bima*, wo die Tora verlesen wird. Der andere, der Gemeinde gegenüber, steht für das Göttliche – das ist der *Aron Kodesch*, der Schrein, in dem die Torarolle aufgehoben wird. Der bauliche Nachdruck mag auf die Stirnseite ausgerichtet sein, der Brennpunkt liegt vielfach in der Mitte der Synagogen. Während des Gottesdienstes holen wir die Torarolle zu uns, in unsere Mitte. Hier findet alles Wichtige statt. Die Wechselbeziehung zwischen *Bima* und *Aron Kodesch* symbolisiert die Wechselbeziehung zwischen Gott und Mensch.

Einst saß Rav Scheschet im... Bethause, und als die Göttlichkeit erschien, ging er nicht hinaus. Als darauf die Dienstengel kamen und ihn ängstigten, sprach er: »Herr der Welt, wer ist von Gedemütigtem und Ungedemütigtem vor dem anderen zu verdrängen!?« Da sprach Er zu ihnen: »Laßt ihn«.

Der Babylonische Talmud, Traktat Megilla

EINGANG ZUR SYNAGOGE BIKKUR CHOLIM, IZMIR, TÜRKEI

Die Synagoge, die *Bet Knesset,* ist nicht ein Ort, an dem wir von einem Priester am Altar ein Sakrament gereicht bekommen. Es ist der Ort, an dem wir Heiligkeit untereinander zu schaffen versuchen, die wir ins tägliche Leben mitnehmen können. Wir errichten einen Altar in uns selbst, indem wir unser Handeln Gott weihen. Das sind die Gebote, die jeden Aspekt des täglichen Lebens betreffen.

Als Gott zu Mose sprach: Mache mir ein Heiligtum, wunderte sich Mose darüber und sprach: Die Herrlichkeit Gottes erfüllt doch die Oberen und die Unteren und er spricht zu mir: »Mache mir ein Heiligtum …« Midrasch Schemot Rabba, Seder Teruma

Das Grundprinzip des Heiligtums ist nicht das Material, aus dem es gemacht ist. Die wesentliche Lehre des Heiligtums ist die, daß wir unsere Herzen reinigen sollen, damit die Göttlichkeit in uns ruhen kann … Me'am Loez, Schemot Teruma

Man sagt uns, daß der Mensch im Mittelpunkt des Universums stehe, so wie die *Bima* im Zentrum der Synagoge. Der große chassidische Rabbi Schneur Salman, der die Lubawitscher Dynastie begründete, schrieb:

Der höchste Zweck der Schöpfung ist diese niedrigste Welt, denn das war Sein heiliger Wille, daß Er zufrieden sein wird, wenn … die Dunkelheit zu Licht wird. Likkute Amarim

Da wir nach dem »Bilde Gottes« geschaffen wurden, ist im Menschen eine Fülle gottähnlicher Attribute angelegt. Wir können an der Schöpfung teilnehmen, indem wir Dunkelheit in Licht verwandeln, indem wir die Dunkelheit mit dem Licht der Wahrheit erleuchten. Das Helle bezwingt die Dunkelheit: Welch ein Licht bringt eine einzige Kerze in eine finstere Höhle! Licht zu bringen ist die Aufgabe derjenigen, die Gott dienen. Es ist außerdem das Ziel des Künstlers, der Licht nicht nur einsetzt, um seinen Gegenstand hervorzuheben, sondern auch, um seine tiefere Bedeutung zu enthüllen.

EINGANG UND ESRAT NASCHIM (FRAUENABTEILUNG) IN DER SYNAGOGE IM HAUS SEWULONOW, SAMARKAND, USBEKISTAN

וברוך אתה בצאתך

DIE MITTELMEERLÄNDER

ITALIEN, MAROKKO, TÜRKEI

Wenn der Mensch ein Haus baut, so macht er die Fenster von außen eng und weit von innen, damit das Licht von außen eindringe und von innen leuchte. Salomo aber, der das Heiligtum baute, tat nicht so, sondern er machte die Fenster eng von innen und weit von außen, damit das Licht aus dem Heiligtum hinausgehe und draußen leuchte ... um dir kundzutun, daß Er ganz Licht ist und ihr Licht nicht braucht ...

Midrasch Bemidbar Rabba

Heidnische Tempel, Kirchen und Moscheen stehen in den Mittelmeerländern deutlich sichtbar auf sonnigen Bergspitzen, während sich Synagogen eher in den Gassen am Markt finden, in einem Hof oder

ALESSANDRIA, ITALIEN (links)

DIE DECKE IN ALESSANDRIA, ITALIEN (oben)

im obersten Stockwerk eines Wohnhauses im Ghetto. Die heiligen Bauwerke der Nichtjuden werden von der Sonne beschienen; die Gebäude der Juden müssen für Licht von innen heraus sorgen.

Die kleine Stadt Mondovi im italienischen Piemont liegt inmitten von Feldern auf einem Hügel. Ganz oben steht der Campanile der Kirche. Nicht weit davon schmiegt sich ein einzelnes Mehrfamilienhaus zwischen die anderen Häuser: das jüdische Ghetto. Einst lebten alle jüdischen Familien der Stadt in diesem Gebäude, und sein oberstes Stockwerk war die Synagoge. Heute sind die Juden alle fort, bis auf Herrn Levi; die Synagoge steht unter seiner und seiner nichtjüdischen Nachbarn Obhut. Als ich nachmittags ankam, hatte Herr Levi alle Kerzen angezündet; elektrische Leitungen sind hier nie gelegt worden. Weiches Licht hüllte uns ein, als wir eintraten, und ließ den Innenraum strahlend hell wirken. Mehrere von uns sprachen das Nachmittagsgebet miteinander – es war das erste Mal seit Jahrzehnten, daß hier Gottesdienst gehalten wurde.

Italienische, türkische und marokkanische Synagogen haben wenig Gemeinsames, außer daß sie sich der Welt sehr bescheiden präsentieren. In Mondovi müssen Sie an die Tür des Mieters im Parterre klopfen, um den Schlüssel zu bekommen, und dann die Treppen hinaufsteigen, bis Sie vor der Tür zur Synagoge stehen, die sich kaum von den anderen Türen im Haus unterscheidet.

In Izmir in der Türkei lagen die Synagogen in den engen Gäßchen am Markt, und man konnte sie nur zu Fuß erreichen. Ich mußte einen Träger anheuern, der mir meine Ausrüstung herankarrte. Schließlich befand ich mich vor einer einfachen Tür. Ich setzte mich auf die Beleuchtungskisten und wartete, während mein Führer nach dem Menschen suchte, der den Schlüssel aufbewahrte. Hinter der Tür liegt ein Hof. Oft muß man von solchen Höfen aus noch weitere Tore passieren, ehe man in die Synagoge treten kann. Als müßte man durch eine Reihe von Schleusen auf einem Kanal.

In Tanger in Marokko liegen mehrere Synagogen an der Rue des Synagogues in der *Mellah* – dem jüdischen Viertel der Altstadt. Es ist eine kleine Straße mit verschlossenen Türen und einem kleinen, unordentlich vollgestopften Antiquitäten-

Lag ba-Omer am Grab des Rabbi Ihya, Marokko (oben)

Ein Synagogeneingang am Markt, Izmir, Türkei (oben)

Nachmittagsgebet in der Signora-Synagoge, Izmir, Türkei (links)

Eingang zum Ghetto (links), das Ghetto (oben), Venedig, Italien

laden; daneben steht ein imponierendes Wohnhaus, das einst Mosche Nahon gehört hat, einem der angesehendsten Mitglieder der jüdischen Gemeinde. Ganz in der Nähe befindet sich die Nahon-Synagoge, die soeben restauriert worden ist. Ich hatte gehört, die Synagoge besäße eine schöne Sammlung von silbernen Lampen, aber als wir eintraten, standen wir vor einer wüsten Unordnung, und wo einmal Lampen gehangen hatten, baumelten Kabel herab. Ich stöberte die Lampen dann im Büro der jüdischen Gemeinde auf, wo sie gerade geputzt wurden. Es bedurfte einiger Überredungskünste; schließlich hatten wir die Erlaubnis, fünf der größeren Lampen selbst aufzuhängen. Meine Hilfsmannschaft bestand aus einem Mann aus dem jüdischen Altersheim, dem muslimischen Verwalter, meinem Assistenten Max und unserem Fahrer. An unserem ersten Tag an diesem Ort säuberten wir den Fußboden, befreiten das Mobiliar von Staub und hängten Lampen auf. Wir versuchten es hier und dort, bis sie am richtigen Platz zu sein schienen.

Als die Lampen erst einmal hingen, wirkte die Synagoge ziemlich groß. Sie glänzten hell vor dem *Aron Kodesch* aus dunklem Holz und den stumpfen Tönen des Verputzes. Max wienerte den Steinfußboden, und ich machte ein Foto. Als ich am folgenden Sabbat einem Besucher die Synagoge zeigen wollte, stellte ich fest, daß drei weitere Lampen aufgehängt worden waren.

Die zahlreichen Lampen sind charakteristisch für marokkanische Synagogen. Das *Me'am Loez* erklärt dazu, so wie es verdienstvoll gewesen sei, Öl für die ewige Lampe im Tempel zu spenden, so sei es eine gute Tat, Öl für die Lampen in einer Synagoge zu stiften; es bringe Segen über den Spender und seine Familie.

Rebbe Chajim Ben Attar war die Verkörperung des gelehrten und weltgewandten Mittelmeerjuden. Er wurde 1696 in Marokko geboren. Auf dem Weg ins Heilige Land reiste er über Italien, wo er zwei Jahre in Livorno und Venedig verbrachte, bevor er nach Jerusalem aufbrach. Dort gründete er zwei *Jeschiwot*, rabbinische Hochschulen. Er starb im Alter von 47 Jahren und wurde auf dem Ölberg begraben; auf seinem Grabstein stehen die Worte: »Das Land Israel wurde erleuchtet von seinem Ruhm wie vom Licht der siebenarmigen Menora.«

In einem Kommentar zur Tora, dem *Or Chajim* (Licht des Lebens), sprach Ben Attar auch über das Öl für die Menora im Tempel: »Reines Olivenöl symbolisiert die Tora, die mit Öl zu vergleichen ist, denn wie das Öl schenkt auch die Tora der Welt Licht.«

Synagoge Dar Al-Mae, heute ein muslimisches Privathaus, Fes, Marokko (unten)

Die Familie Haliwah, Marrakesch, Marokko (rechts)

Die Wohnung von Moshe Haliwah, Marrakesch, Marokko (rechts oben)

Eingang zur Ibn-Danan-Synagoge (linke Tür), Fes, Marokko (oben)

Berber-Juden (Hananya el-Fasi) am Grabe des R. ben Lanh'ash, Marokko (darunter)

*ARON KODESCH,
CANTON-SYNAGOGE
(SCUOLA CANTON),
VENEDIG, ITALIEN (oben)*

*EINGANG
ZUR CANTON-SYNAGOGE,
VENEDIG (unten)*

ITALIEN

CANTON-SYNAGOGE,
VENEDIG, ITALIEN

תחמד בית רעך לא תחמד אשת רעך ועבדו

FLORENZ, ITALIEN

*ARON KODESCH,
DEUTSCHE SYNAGOGE
(SCUOLA TEDESCA),
VENEDIG, ITALIEN
(gegenüber)*

ARON KODESCH,
UND BIMA,
FLORENZ, ITALIEN

מפניו כל הארץ

MONDOVI, ITALIEN (oben)

BÖGEN, FLORENZ, ITALIEN (gegenüber)

SALUZZO, ITALIEN

ARON KODESCH, MIT TORAROLLEN, BIELLA, ITALIEN (gegenüber)

לא תרצח
לא תנאף
לא תגנב
לא תענה
לא תחמד
לא תשא
זכור את יום
כבד את אביך
דע לפני מי אתה עומד

CASALE MONFERRATO,
ITALIEN

לא תרצח
לא תנאף
לא תגנב
לא תענה
לא תחמד
לא יהיה לך
שמע ישראל
הגיד לך ארם
מה טוב
עם אלהיך

MAROKKO

NAHON-SYNAGOGE, TANGER, MAROKKO

FENSTER, NAHON-SYNAGOGE, TANGER, MAROKKO (gegenüber)

SUIRI-SYNAGOGE,
TANGER, MAROKKO

לא תרצח
לא תנאף
לא תגנב
לא תענה
לא תחמד

ARON KODESCH,
SADOUN-SYNAGOGE,
FES, MAROKKO

ARON KODESCH,
SUIRI-SYNAGOGE,
TANGER, MAROKKO
(gegenüber)

*LAMPEN,
CASABLANCA, MAROKKO
(oben)*

*ARON KODESCH,
IBN-DANAN-SYNAGOGE,
FES, MAROKKO (unten)*

*SEFER TORA,
SADOUN-SYNAGOGE,
FES, MAROKKO
(gegenüber)*

TÜRKEI

TORAROLLEN,
SIGNORA-SYNAGOGE,
IZMIR, TÜRKEI

SIGNORA-SYNAGOGE,
IZMIR, TÜRKEI
(gegenüber)

BIMA,
BIKKUR-CHOLIM-SYNAGOGE,
IZMIR, TÜRKEI

BIKKUR-CHOLIM-SYNAGOGE, IZMIR, TÜRKEI

YAMBOLI-SYNAGOGE, ISTANBUL, TÜRKEI (umseitig)

ASIEN

USBEKISTAN UND INDIEN

Es geschah in den Tagen des Ahasweros, das ist Ahasweros, der regierte von Indien bis Äthiopien über hundertundsiebenundzwanzig Landschaften…

So beginnt das Buch Ester, der Text, den die Juden zum Purimfest lesen. Es erzählt die Geschichte, wie die nach der Zerstörung Jerusalems nach Persien verschleppten Juden vor der Vernichtung gerettet wurden. Von diesem Königreich des Ahasweros aus verbreiteten sich die Juden weiter nach Asien: Sie kamen bis Buchara (Usbekistan) – wo die Juden noch heute einen Dialekt sprechen, der mit dem Persischen verwandt ist – und Indien, wo ich den Vorleser in einer Bombayer Synagoge den obigen Text aus einer handgeschriebenen Pergamentrolle verlesen hörte.

Nach der babylonischen Eroberung Israels im 6. Jahrhundert v. u. Z. breiteten sich die Juden in Mesopotamien aus, in Persien und bis nach Mittelasien. Die Mitglieder der nordindischen

ESRAT NASCHIM, KALANTAROW-HAUS, SAMARKAND, USBEKISTAN *(links)*

KALANTAROW-HAUS, SAMARKAND, USBEKISTAN *(oben)*

Gemeinde Bene Israel sagen, sie reiche bis auf das zweite Jahrhundert v. u. Z. zurück. Ich habe tausend Jahre alte Kupfertafeln in der Hand gehalten, auf denen den Juden von Cochin in Indien Land und Privilegien zugestanden wurden, »solange die Welt und der Mond bestehen«.

Die Juden in Cochin leben wie die Chinesen in San Francisco in einem Stadtteil, der ganz eindeutig ihrer ist: in der Judenstadt. Früher gab es hier drei kleine Synagogen, aber heute ist die Gemeinde auf 22 Seelen zusammengeschmolzen, und nur die Pardesi-Synagoge wird noch benutzt. (Eine andere ist abgebaut und nach Israel verschifft worden, wo sie im Israel-Museum wieder aufgebaut wurde.) Die meisten Juden sind fortgezogen in aktivere Zentren jüdischen Lebens. Diese Gemeinde hat keine Verfolgung von seiten der Inder erlitten, die die Juden als Einheimische gelten lassen. Nur unter der europäischen Herrschaft hatten die Juden Indiens zu leiden, denn die christlichen Kolonialmächte brachten ihre Vorurteile mit.

Es gibt noch weitere Synagogen im Bezirk Cochin: im nahen Ernakulam, in Parur und Chennamangalam. Das Dorf Chennamangalam liegt zwischen riesigen Palmen inmitten von leuchtendgrünen Reisfeldern und rieselndem Wasser. In dieser Üppigkeit steht eine verlassene Synagoge neben einem Brunnen. Leider hatte niemand Schlüssel, und wir kamen nicht hinein.

Mehr Glück hatten wir, als wir eine der wenigen jüdischen Familien in Parur aufsuchten. Von ihrem Haus aus gingen wir zur Synagoge; es war eine Anordnung, wie ich sie noch nie gesehen hatte. Von der Straße aus tritt man durch eine einfache Holztür in einen kleinen Hof. Hinter Palmen führt ein weiterer Durchgang zu einer Kolonnade mit einer weiteren Tür. Hier findet man sich an einem überwucherten Flecken, der einmal ein reizender Garten gewesen sein muß. Durch die folgende Tür geht es in eine Eingangshalle, und dahinter liegt die Synagoge selbst, mit einem massiv hölzernen *Aron* und der *Bima* in der Mitte des Raums. Unsere Gastgeber sagten, die Synagoge werde noch benutzt; ausgesehen hat sie allerdings, als sei seit Jahren niemand hiergewesen.

In Cochin wird es in zehn Jahren keine jüdische Gemeinde mehr geben. Die Juden betrachten die Entwicklung mit Gleichmut, denn sie fliehen nicht vor der Verfolgung, wie so viele andere, sondern gehen fort, weil sie in einem jüdischen Land leben wollen. Die Pardesi-Synagoge werden sie zurücklassen; vermutlich wird sie zu einem vom Staat unterhaltenen Museum werden. Sie werden auch Traditionen hinter sich lassen, die sie nicht verpflanzen können, gleichgültig, wie eng die Gemeinde zusammenhalten und wie sehr sie sich bemühen wird, sie zu bewahren.

Die bescheidenen Synagogen von Bene Israel im Gebiet von Bombay sind erst im vorigen Jahrhundert errichtet worden, haben aber Charakter und Charme. Als ich sie zum ersten Mal sah, wirkten sie nicht besonders eindrucksvoll, aber als ich mir bei

Studierende Männer, Synagoge Bene Israel, Bombay, Indien

Gebet in der Synagoge Magen Avot, Alibag, Indien

Synagoge Sha'are Ratson, Bombay, Indien (oben)
Hofeingang zur Synagoge von Parur, Indien (oben Mitte)
Aufgegebene Synagoge in Chennamangalam, Indien (rechts)

der Rückkehr nach Israel die Fotos ansah, wußte ich, daß ich auf einen Schatz gestoßen war, denn die Synagogen sind von der gleichen redlichen Einfachheit wie die Menschen, die in ihnen beten.

Eines Tages unternahmen wir von Bombay aus einen strapaziösen Ausflug nach Alibag: drei Stunden durch Verkehrschaos und Umweltverschmutzung für eine Entfernung von nicht mehr als 50 Kilometern. Wir kamen an, als es eben dämmerte, und eilten zur Synagoge, um sie noch zu sehen, bevor die Nacht hereinbrach. Wir fanden eine Insel der Reinheit, ein schlichtes, farbenfrohes Gebäude unter Palmen in einem ummauerten Hof. Es paßte in seine Umgebung und war doch etwas Besonderes. Die Pessach-Haggada berichtet von den Juden im alten Ägypten:

»Und er [Israel] gedieh dort zu einem großen Volk will sagen, daß die Israeliten dort durch ihre besondere Art erkennbar blieben ...« Das *Schiwle Leket* erklärt diesen Satz und sagt: »Obwohl sie wenig an Zahl waren, wurden sie nicht von den Massen Ägyptens geschluckt, sondern erhielten sich vielmehr ihre Besonderheiten in Religion und Bräuchen. Sie waren als ein Volk für sich bekannt und anerkannt.« Es gibt sicher keine bessere Beschreibung für Bene Israel in Indien; der Name verrät ja schon ihre Ergebenheit gegenüber ihrem Volk und ihrem Glauben, denn »Bene Israel« heißt »Kinder Israels«.

Blossom Esther Hallegua an ihrem Sabbattisch, Cochin, Indien (oben)

Hochzeitsvorbereitungen, Bombay, Indien (rechts)

Über unserer Reise nach Usbekistan lag ein Gefühl von Dringlichkeit. Das Zentrum für jüdische Kunst an der Hebräischen Universität in Jerusalem hatte angedeutet, es sei wichtig, daß ich hinführe, denn immer mehr Juden verließen die Gegend. Es war keine panische Flucht; aber jeder Tag später bedeutete, daß weitere Gebäude an Nichtjuden verkauft sein konnten oder nicht mehr zugänglich waren, weil es keinen Schlüssel gab.

Als wir über Usbekistan flogen, schaute ich besorgt auf die Steppe unter uns – es war nicht ein einziges Zeichen von Leben zu sehen, keine Straßen, keine Häuser, nicht einmal Bäume. Wir landeten in Taschkent und stiegen in absoluter Finsternis aus dem Flugzeug. Vorher, in der Maschine, hatte mich ein Israeli, der schon dort gewesen war, gefragt: »Und wie lange wollen Sie da bleiben?« – »Drei Wochen. Wir fotografieren Synagogen für ein Buch.« – »Drei Wochen?« sagte er. »Ich will Ihnen was sagen: Sie bleiben so lange, bis Ihr Klopapier verbraucht ist, dann reisen Sie ab, wie alle.« Ich hatte gelacht (das konnte ich mir leisten, schließlich hatten wir größere Vorräte an Klopapier mit). Aber als wir jetzt beim Betreten des Flughafengebäudes mit jedem Schritt Staub aufwirbelten, fragte ich mich doch, ob mein Lachen nicht voreilig gewesen war.

Rafi Nektalow und seine Frau Miriam holten uns ab; sie würden uns in den folgenden Wochen beistehen. Das war immer wieder ein Trost für mich während dieses Unternehmens: Wohin wir auch kamen, wir fanden Menschen, auf die wir setzen konnten und mit denen uns etwas verband, wie unterschiedlich auch unsere Kulturen sein mochten und wie weit wir in religiösen Fragen voneinander entfernt waren. Ich hatte oft das Gefühl, daß ich all diese Entfernungen nur zurückgelegt hatte, um wieder da zu landen, von wo ich gestartet war, in der jüdischen Welt.

In der Dunkelheit des frühen Morgens kamen wir frierend und erschöpft in Samarkand an und fanden auch die *Machla*, das jüdische Viertel. Als wir durch die unbeleuchteten Straßen gingen, wurden wir von allen Seiten mit *Schalom* begrüßt und gelegentlich auf Hebräisch angesprochen. Diese Menschen haben Jahrzehnte kommunistischer Unterdrückung ihrer Religion und ihrer jüdischen Erziehung überstanden. Obwohl ihnen vieles von der jüdischen Tradition nicht bekannt ist, gibt es einige Dinge, an denen die Juden von

Buchara haben festhalten können: an einer Mindesteinhaltung der *Kaschrut* zum Beispiel, der rituellen Speisevorschrift, und sie haben sich ein starkes Bewußtsein ihrer jüdischen Identität bewahren können.

Am nächsten Morgen besuchten wir den Gottesdienst in der Gumbas, der Hauptsynagoge der *Machla*. Gumbas heißt Kuppel, und ein Kuppelbau ist denn auch an dem Hof hinter den schweren Holztüren verborgen. Zur Zeit der *Perestroika* ist die Synagoge in liebevoller Kleinarbeit von Bechor Rubinow restauriert worden. Rubinow und seine Großmutter wurden eines Tages von einem antisemitischen Mordbuben in Samarkand auf offener Straße umgebracht. Er war noch nicht ganz fertig mit der begonnenen Restaurierung, deshalb ist die Stukkatur an den Wänden der Gumbas nicht bemalt, und die von ihm entworfenen schönen Holzbänke wurden nicht hergestellt.

Beim Gottesdienst gab es einen großen *Minjan* – mehr als die zehn jüdischen Männer, die notwendig sind, damit man das Kaddisch sprechen kann. Nicht alle konnten Hebräisch lesen, aber einige kannten die Gebete auswendig, andere begnügten sich damit, einfach zuzuhören. Sie kamen täglich zum Gebet her, nicht nur am Sabbat, wo mehrere Gottesdienste gehalten werden.

Nach den Gebeten verließen wir die Synagoge und bummelten über den jüdischen Freitagvormittags-Markt auf den Straßen der *Machla*.

Dann führte uns Rafi durch die Stadt in das neuere jüdische Viertel, wo in der ehemaligen Kalantarow-Villa das Staatsmuseum untergebracht ist. Kalantarow war vor der Revolution ein außerordentlich wohlhabender jüdischer Fabrikant gewesen. Ich nahm an, daß die Kommunisten sein Haus enteignet hätten, aber Rafi erzählte, daß Kalantarow es ihnen geschenkt habe.

Die Geschichte ist es wert, erzählt zu werden: Als die Revolutionäre beim alten Kalantarow erschienen, hatte er sie schon erwartet. Er bat sie herein, überreichte ihnen die Schlüssel des Hauses und sagte: »Wenn ihr es wollt, gehört es euch.« Er nahm nur seinen Spazierstock und verließ das Haus für immer, ging mit vorsichtigen Schritten über den Hof, durch das Tor und in eine kommunistische Zukunft. Sein Stock würde für mehr als das Notwendigste in den schweren Zeiten sorgen, die bevorstanden – er war hohl und mit Diamanten gefüllt.

Das Museum beherbergt heute eine bunte Sammlung von Mineralien, naturkundlichen Exponaten, sozialistischen Traktoren und Dioramas von Volkstänzen, mit denen der Sieg des Volkes verherrlicht wird. Wir wollten nur den Raum sehen, der einst am Sabbat und an Feiertagen als Synagoge gedient hatte.

Gumbas-Synagoge, Samarkand, Usbekistan (oben)

Gedenkfeier, Samarkand, Usbekistan (oben)

Synagoge im Haus Abramow, Samarkand, Usbekistan (links)

Dem Raum sah man nicht an, daß er als Synagoge benutzt worden war. Familiensynagogen wurden vermutlich zu einer Zeit eingerichtet, als es Juden verboten war, Synagogen zu bauen; es ist also möglich, daß private Orte der Anbetung während dieser Zeit die öffentlichen Synagogen ersetzt haben. Was immer der Grund war, die Juden nutzten diesen großen und prächtigen Raum an Feiertagen für ihren Gottesdienst.

Wir waren sehr daran interessiert, in Buchara weitere erhaltene Familiensynagogen zu sehen. Auf unserer Liste stand als nächste die der Familie Sewulonow, die wir schnell fanden. Der Salon in ihrem Haus, in dem einst die Gäste empfangen worden waren – darunter die Göttlichkeit –, diente der Familie jetzt als Wohn-, Eß- und Schlafzimmer. Am einen Ende des großen Raumes war eine winzige Küche angefügt, an dem anderen ein kleiner Vorratsraum. Das war jetzt ihre Wohnung, bescheiden und prächtig zugleich.

Wir wußten schon, daß die Sewulonows innerhalb der nächsten ein, zwei Jahre auswandern wollten – entweder in die Neue Welt oder ins Gelobte Land. Sie diskutierten gerade über diese Frage, als wir bei ihnen saßen und süßen schwarzen Tee tranken. Sie hatten sich noch nicht zwischen Amerika und Israel entschieden, aber die Frage stand an jenem Abend auf der Tagesordnung. Das Haus würden sie wahrscheinlich einfach aufgeben müssen, denn es gab kaum Käufer dafür.

Im zweiten Stock dieses weitläufigen Hauses fanden wir Professor Abramow in einer Wohnung, die durch Unterteilung der ehemaligen Synagoge entstanden war. Die eine Hälfte der 1903 geweihten Synagoge ist in ein Arbeits- und Schlafzimmer umgewandelt worden, der Rest dient jetzt als Küche mit Eßecke. Sie ist sehr klein, aber fröhlich und anheimelnd, denn die Wände sind mit dem traditionellen Blumenmotiv geschmückt, das auf allen Fotos von Buchara zu sehen ist. Der *Aron Kodesch*, in dem einst die Torarollen aufgehoben wurden, wird jetzt als Schrank genutzt, aber eingedenk seiner früheren Bestimmung und seiner Heiligkeit hat Professor Abramow einen getrockneten *Lulaw* (den Palmenzweig vom Sukkotfest) darangehängt. Der *Lulaw* wird am Endes des Festes oft oben auf den *Aron Kodesch* geworfen, deshalb wirkte er da jetzt seltsam passend, obwohl er halb über den Fernseher auf dem Regal darunter hing. Die kleinformatigen Bilder vom Heiligen Land ganz oben an den Wänden in seiner Wohnung waren während der kommunistischen Unterdrückung übertüncht gewesen; Abramow hatte damals Kalkfarbe genommen, weil sie sich leicht wieder entfernen läßt. Im letzten Jahr oder so hatte er die Tünche von den hebräischen Inschriften und Wandmalereien wieder entfernt. Wer sich das Foto, das ich in seinem Arbeitszimmer aufgenommen habe, genau ansieht, wird noch Stellen voller Tünche bemerken.

Mit 1993 hatten wir genau den richtigen Zeitpunkt für unsere Reise nach Usbekistan abgepaßt. Zehn Jahre vorher waren die Kommunisten noch an der Macht; wahrscheinlich wäre es unmöglich gewesen, diese Aufnahmen zu machen, weil die Menschen nicht zugeben mochten, daß es ein jüdisches Gemeindeleben und Synagogen – private oder öffentliche – gab. Wären wir ein oder zwei Jahre später gekommen als 1993, hätten wir etliche oder vielleicht die meisten dieser Orte nicht mehr fotografieren können, weil alle Leute im Aufbruch sind und ihre Häuser aufgeben oder verschließen. Mehrere Häuser, die Rafi uns zeigen wollte, fanden wir verschlossen, weil die Bewohner in die USA oder nach Israel ausgewandert waren.

Die Braut wird geschmückt (oben) und wird hereingetragen (Mitte), Buchara, Usbekistan

Zion Tokow im Klassenzimmer, Carmina, Usbekistan (rechts)

DECKE DER SYNAGOGE
IM HAUS KALANTAROW, DETAIL,
SAMARKAND, USBEKISTAN

USBEKISTAN

SYNAGOGE IM HAUS KALANTAROW,
SAMARKAND, USBEKISTAN

SYNAGOGE
IM HAUS RUBINOW,
BUCHARA,
USBEKISTAN

ברוך אתה בבאך
וברוך אתה בצאתך

FAMILIEN-SYNAGOGE DER SCHARBATI, BUCHARA, USBEKISTAN (oben)

SYNAGOGE IM HAUS SEWULONOW, SAMARKAND, USBEKISTAN (unten)

SYNAGOGE IM HAUS SEWULONOW,
SAMARKAND, USBEKISTAN

HOLZGESCHNITZTE BIMA, GUMBAS-SYNAGOGE, SAMARKAND, USBEKISTAN

FENSTER, GUMBAS-SYNAGOGE, SAMARKAND, USBEKISTAN (gegenüber)

INDIEN

LEN HALLEGUA,
PARDESI-SYNAGOGE,
COCHIN, INDIEN

SYNAGOGE SHA´ARE RATSON, BOMBAY, INDIEN (gegenüber)

SYNAGOGE MAGEN AVOT, ALIBAG, INDIEN (oben)

ELIA-STÜHLE (BESCHNEIDUNGSSTÜHLE), SYNAGOGE BEIT-EL, PANVEL, INDIEN (oben)

ARON KODESCH, SYNAGOGE SHAAREI RAHAMIM, BOMBAY, INDIEN (gegenüber)

SYNAGOGE
MAGEN DAVID,
BOMBAY, INDIEN

אנכי ה
לא יהיה
לא תשא
זכור את
כבד את
לא תרצח
לא תנאף
לא תגנב
לא תענה
לא תחמד

NORDSEITE DER
SYNAGOGE VON
PARUR, INDIEN *(oben)*

ÜBERDACHTER SÄULENGANG,
PARUR, INDIEN *(unten)*

VORHALLE DER SYNAGOGE BEIT-EL, RAUDENDA, INDIEN

DIE AMERIKAS

KARIBIK, USA UND KANADA

Glücklicherweise erwartet die Regierung der Vereinigten Staaten, die Fanatismus nicht billigt und Verfolgung nicht unterstützt, von denjenigen, die unter ihrem Schutz leben, nur, daß sie sich wie gute Bürger verhalten ... Mögen die Kinder Abrahams, die in diesem Land wohnen, weiterhin den guten Willen der anderen Einwohner verdienen und genießen und jedermann in Sicherheit unter seinem eigenen Rebstock und seinem eigenen Feigenbaum sitzen, und niemand soll ihnen Angst machen.

Brief von George Washington an die Hebrew Congregation in Newport, R.I., 1790

KINGSTON, JAMAIKA (links)

GRABSTEINE, SYNAGOGE SHAAR HASHAMAYIM, KINGSTON, JAMAIKA (oben)

Diese Zusicherung gab der erste Präsident der Vereinigten Staaten den amerikanischen Juden; es war ein Versprechen, das viele Generationen hindurch gehalten worden ist. Eine sicherere Zuflucht als die beiden Amerikas hat es für die Juden nicht gegeben. Aber eigentlich reicht die Geschichte weiter zurück als bis zur Gründung der USA – vielleicht bis zur Entdeckung des Kontinents durch die Europäer. Christoph Kolumbus könnte durchaus ein *Converso* gewesen sein, ein Jude, der seine Religion nur insgeheim ausübte, nachdem er entweder mit Gewalt oder durch die Macht der Umstände von den spanischen Monarchen Ferdinand und Isabella zum Übertritt gezwungen worden war. Die Juden Spaniens wurden 1492 vertrieben, in demselben Jahr, in dem Kolumbus aus dem Land fortsegelte, das sie als das ihre zu betrachten sich angewöhnt hatten. Es sollte mehr als 100 Jahre dauern, bevor eine nennenswerte Zahl von Juden Zuflucht in der Neuen Welt fanden und sich zunächst in Westindien, auf den Inseln der Karibik, dann an der Nordküste Südamerikas niederließen.

Im frühen 17. Jahrhundert siedelten Juden auf Barbados; in den fünfziger Jahren kamen sie mit den Holländern nach Curaçao, und um 1655 war in Port Royal auf Jamaika die erste Gemeinde entstanden. Die Synagogen, die ich auf diesen Inseln aufsuchte, waren alle viel später gebaut, denn die ursprünglichen Gebäude waren von Wirbelstürmen beschädigt oder zerstört worden.

Ich stieß auf dieses Kapitel der jüdischen Geschichte, als ich auf dem Friedhof herumwanderte, der sich an die Synagoge Nidhe Yisrael auf Barbados anschließt. Man findet hier Grabsteine, die ins 17. Jahrhundert zurückgehen. Die Grabinschriften sind knapp; unter den bildlichen Darstellungen sind Totenkopf und gekreuzte Knochen oder eine aus dem Himmel herabreichende Hand, die einen jungen Baum fällt. Ich ging eine Weile zwischen den Toten herum, bevor ich die Synagoge betrat, die jetzt benutzt wird und deren ursprünglicher Zustand nach einer Periode der Vernachlässigung wiederhergestellt ist.

Die heutigen Juden von Barbados können ihre Vorfahren nicht sehr weit zurückverfolgen, denn die Nachkommen der ersten Siedler sind lange fort, andere sind an ihre Stelle getreten. Anders sieht es in Curaçao und Jamaika aus, wo viele ihren Stammbaum über Generationen kennen.

Die Synagoge Mikveh Israel in Willemstad, Curaçao, ist der berühmten Portugiesischen Synagoge in Amsterdam nachempfunden; dabei zeigt sie auf den ersten Blick wenig Ähnlichkeit. Wie in Amsterdam stehen zwei große Säulen am Eingang, »Jachin« und »Boas« (nach den Säulen vor dem Tempel von Jerusalem), und die *Tewa*, das Lesepult, steht nahe dem Eingang an der Westwand. Damit endet aber die Ähnlichkeit schon. Die Amsterdamer Synagoge ist aus Steinen gemauert, Mikveh Israel hat verputzte Wände und ist leuchtend gelb gestrichen. Von innen schaut man durch Fenster mit einem tiefblauen Abschluß oben auf sonnenfarbigen Verputz. Der weite, helle Hof der Synagoge ist durch ein Tor von der Straße abgeschlossen, das mit einer Inschrift verziert ist: »Mögest du beim Fortgehen gesegnet sein.« Und wenn Sie sich dann umsehen, entdecken Sie die Worte »Mögest du beim Eintreten gesegnet sein« in hebräischen Buchstaben außen über dem Tor. Der Fußboden von Mikveh Israel ist mit Sand bestreut, wie in der Synagoge Shaar Hashamayim in Kingston auf Jamaika und wie früher auf Barbados und in Amsterdam. Sand ist noch so ein eigener Brauch der spanischen *Conversos;* sie hätten, so heißt es, in ihren Versammlungsräumen Sand gestreut, damit die Inquisition die Schritte der heimlichen Beter nicht hörte. Vielleicht ist es auch eine Erinnerung an den Sand der Wüste Sinai, durch die das Volk Israel auf der Flucht in die Freiheit wanderte.

Jedenfalls blieben die *Conversos* jahrhundertelang auf der Hut vor dem langen Arm der Inquisition. In den Vereinigten Staaten zeigt die verborgene Falltür im Boden der *Bima* in der Touro-Synagoge in Newport auf Rhode Island, wie wenig sicher sie sich fühlten. Gegen Ende des 18. Jahrhunderts hatte sich ein holländischer Jude namens Isaak Touro in Jamaika niedergelassen; sein Sohn war einer der Förderer der Touro-Synagoge in Rhode Island; sie wurde von Peter Harrison entworfen, einem englischen Schiffskapitän aus York. Die Bauarbeiten begannen 1759.

Der Legende zufolge hatten die englischen Streitkräfte, als sie gegen die rebellischen Siedler kämpfend Newport eroberten, alle Amtsgebäude bis auf zwei niedergebrannt. Die anglikanische Kirche (die Kirche war der Krone treu) wurde natürlich verschont. Und als die britischen Soldaten die Synagoge betraten, befahl ihnen ihr Offizier, auch diesem Gebäude die Fackel zu ersparen. Rabbi Shapiro, der heute der Synagoge vorsteht, meint, der Kommandant hätte vielleicht die Bedeutung der drei gemalten Kronen über dem *Aron Kodesch* mißverstanden. Sie symbolisieren die drei dem jüdischen Volk geschenkten Kronen – die der Tora, des Königreichs und des Priesteramtes –, aber man könnte sie leicht als royalistische Sinnbilder

Vier Generationen der Familie Maduro, Willemstad, Curaçao (oben)

Grab eines Kaufmanns, Kingston, Jamaika (Mitte)

mißverstehen. So überlebte die Touro-Synagoge als eines der wenigen öffentlichen Gebäude die Revolution und diente lange Jahre der gesetzgebenden Versammlung und dem Obersten Gericht von Rhode Island.

Die Synagoge von Touro ist wirklich herrlich und gehört zu den berühmtesten der Welt, aber im allgemeinen fühle ich mich mehr zu den bescheideneren und weniger bekannten Synagogen hingezogen. Diese Neigung brachte mich dazu, einige der kleineren Städte in den Südstaaten zu erkunden. Ich begann in New Orleans und fuhr dann am Mississippi entlang nach Natchez, Port Gibson und Brookhaven, wo ich jeweils die Synagogen aufsuchte. Hier hatten sich Juden als Bauern oder Kaufleute niedergelassen. In den letzten Jahren ist die jüdische Bevölkerung stark zusammengeschmolzen, denn die Menschen sind in die großen städtischen Zentren abgewandert; trotzdem waren die meisten der von mir besuchten Gemeinden noch aktiv.

In Brookhaven fand ich eine schlichte weiße Holzsynagoge, die für Außenstehende wie eine Baptistenkirche aussieht, so sehr hatten sich die Juden die typische örtliche Architektur zu eigen gemacht. Die Lokalzeitung, der *Daily Leader,* wirbt denn auch stolz: »Bei der Besichtigung der Bauwerke von Brookhaven darf man eines nicht auslassen, dessen Tradition nicht nur in die Frühzeit von Brookhaven zurückreicht, sondern in die Frühzeit der Geschichte ...« Man spricht hier von der »ältesten aktiven jüdischen Gemeinde in Mississippi«.

Die großartigste Synagoge in Mississippi ist der auffallende Bau in Port Gibson; er hat einen Turm mit Zwiebelhaube, der im Department of Archives and History als »viktorianische maurisch-byzantinische Renaissance« bezeichnet wird. Sie liegt neben einer Tankstelle an der Hauptstraße von Port Gibson – einer Stadt, von der General Grant gesagt hat, sie sei »zu schön zum Niederbrennen«. Ich wohnte hier in der »Bed-and-Breakfast«-Unternehmung von Henry und Martha Lumm, dem Ehepaar, das die Synagoge von den letzten Juden der Stadt gekauft hat, um zu verhindern, daß sie abgerissen und einem Betonanbau der Tankstelle weichen würde. Die Lumms haben dieses einzigartige Bauwerk restauriert und zeigen es stolz allen Besuchern.

In Tennessee verbrachten Max und ich dann einen Sabbat in der Baron-Hirsch-Synagoge seiner Heimatstadt Memphis. Die Gemeinde besteht schon sehr lange, aber inzwischen sind die Gläubigen in die Vororte gezogen und haben die alte Synagoge aufgegeben. Das ist in vielen amerikanischen Gemeinden so – deshalb hatten wir in den USA manchmal Schwierigkeiten, geeignete Objekte für dieses Buch zu finden.

Aber nördlich der Grenze, in Kanada, stieß ich auf sehr interessante Synagogen. Ich kannte Fotos von zerstörten Holzsynagogen, aufgegebenen, baufälligen Konstruktionen in Osteuropa, ehemals einem blühenden Zentrum der jüdischen Kultur in Europa. Obwohl die Synagogen in Kanada ihnen in der Architektur gar nicht ähnlich sind, ist die Ornamentik in Toronto oder Montreal ein Echo auf Minsk und Pinsk.

Sei fest wie der Leopard, leicht wie der Adler, rasch wie der Hirsch und stark wie der Löwe, den Willen deines Vaters im Himmel zu vollbringen.

Pirke Awot 4

Dieser Vers hat viele jüdische Künstler inspiriert und wurde zu einem der wichtigsten Bildmotive in aschkenasischen Synagogen in Mittel- und Osteuropa. Er hat auch den Wandmaler angeregt, der die Wände in der Torontoer Gemeinde Knesset Israel (Versammlung Israels) mit Bildern dieser Tiere geschmückt hat. Die Szene ist theatralisch, aber das Äußere dieser schlichten Ziegelsynagoge in einem Arbeiterviertel läßt das kunstvolle Innere oder die Herkunft seiner Mitglieder nicht vermuten. Sie liegt in einer Gegend, die »Junction« genannt wird und ans Eisenbahngelände angrenzt. Bei jedem vorbeifahrenden Zug wackelte meine Kamera.

Temple B'nei Israel, Natchez, Mississippi, USA (rechts)

Gedenkfeier für die Gefallenen Israels, Park East Synagogue, New York City, USA (unten)

SYNAGOGE SHAAR HASHAMAYIM, KINGSTON, JAMAIKA

BIMA, SYNAGOGE NIDHE YISRAEL, BRIDGETOWN, BARBADOS (gegenüber)

THWAITES & REED
LONDON

SYNAGOGE NIDHE YISRAEL, BRIDGETOWN, BARBADOS

ARON KODESCH,
SYNAGOGE NIDHE YISRAEL,
BRIDGETOWN, BARBADOS

MIKVEH ISRAEL AND
EMANUEL SYNAGOGUE,
WILLEMSTAD, CURAÇAO

*BIMA-AUFGANG,
MIKVEH ISRAEL
AND EMANUEL SYNAGOGUE,
WILLEMSTAD, CURAÇAO
(oben links)*

*BANCA, MÄNNERABTEILUNG,
MIKVEH ISRAEL
AND EMANUEL SYNAGOGUE,
WILLEMSTAD, CURAÇAO
(oben rechts)*

*MIKVEH ISRAEL AND
EMANUEL SYNAGOGUE,
WILLEMSTAD, CURAÇAO
(gegenüber)*

DIE VEREINIGTEN STAATEN

TEMPLE
GEMILUTH CHESSED,
PORT GIBSON,
MISSISSIPPI, USA

אנכי ה
לא יהיה
לא תשא
זכור את
כבד את

TEMPLE
GEMILUTH CHESSED,
PORT GIBSON,
MISSISSIPPI, USA

TEMPLE B'NAI SHALOM,
BROOKHAVEN,
MISSISSIPPI, USA
(gegenüber oben)

INNERES DES
TEMPLE B'NAI SHALOM,
BROOKHAVEN,
MISSISSIPPI, USA
(gegenüber unten)

*TEMPLE BETH-EL,
LEXINGTON,
MISSISSIPPI, USA*

*ANSHE SFARD SYNAGOGUE,
NEW ORLEANS,
LOUISIANA, USA (gegenüber)*

ADATH ISRAEL SYNAGOGUE,
BROWNSVILLE,
TENNESSEE, USA

CONGREGATION MIKVEH ISRAEL, SAVANNAH, GEORGIA, USA

TOURO SYNAGOGUE,
NEWPORT,
RHODE ISLAND, USA

BIMA UND ARON KODESCH,
TOURO SYNAGOGUE,
NEWPORT,
RHODE ISLAND, USA

TOURO SYNAGOGUE,
NEWPORT,
RHODE ISLAND, USA

ELDRIDGE STREET SYNAGOGUE, NEW YORK CITY, USA (gegenüber)

BIALYSTOKER SYNAGOGUE, NEW YORK CITY, USA (oben)

KANADA

HAMILTON, ONTARIO, KANADA (oben)

KNESSET ISRAEL SYNAGOGUE, TORONTO, ONTARIO, KANADA (gegenüber)

ממזרח שמש עד מבואו מהלל שם ה׳
שויתי ה
לנגדי תמיד
וגבור כארי
רץ כצבי
הריעו לפני המלך ה״
בחצוצרות וקול שופר

KNESSET ISRAEL SYNAGOGUE, TORONTO, ONTARIO, KANADA (oben und unten)

TEMPLE SOLOMON, MONTREAL, KANADA (gegenüber)

מה טבו אהליך יעקב משכנותיך ישראל

WESTEUROPA

ENGLAND, HOLLAND, FRANKREICH UND DEUTSCHLAND

Das Innere der Portugiesischen Synagoge in Amsterdam ist als Raum schwer zu fassen. Da ist nichts, woran der Blick festmachen könnte – keine farbigen Fenster, kein einzelnes dekoratives Element. Obwohl sie 1675 erbaut wurde, wirkte sie auf mich moderner als alle Synagogen, die ich bisher aufgenommen hatte. Dunkle Holzbänke füllen den gesamten Raum; hinter den Sitzen sind Kerzenhalter angebracht. Auch heute noch gibt es kein elektrisches Licht und keine Heizung in dem Gebäude: Die Synagoge ist so, wie sie immer war.

Nachdem ich einige Zeit dort verbracht hatte, ging ich ratlos ins Rijksmuseum, um mich von der Architekturmalerei jener Epoche inspirieren zu

BIMA, PLYMOUTH HEBREW CONGREGATION, PLYMOUTH, ENGLAND (links)

ESRAT NASCHIM, PLYMOUTH HEBREW CONGREGATION, PLYMOUTH, ENGLAND (oben)

lassen. Ich fand Gemälde von Innenräumen, die sehr zurückgenommen waren, fast kalt in der Auffassung. Die Maler hatten jedoch, im Vordergrund oder am Rande der Szene, auffallende Objekte eingeführt, oft in gedämpften Farben, um den Betrachter ins Bild hereinzuholen. Das versuchte ich nun auch bei meinen Fotos zu tun. Das Licht in der Synagoge war kräftig und warm, aber im übrigen war es jetzt so kalt, daß die Luft selbst innen fast dunstig und blau wirkte. Der Raum war viel zu groß, als daß wir ihn mit unseren Mitteln hätten ausleuchten können. Am frühen Nachmittag unseres zweiten Arbeitstages, als ich endlich entschieden hatte, wie ich die räumlichen und kompositorischen Probleme angehen wollte, schien die Sonne eben stark genug, den Raum aufzuhellen.

Ich fragte den Sekretär der Gemeinde, wie ihre Sammlung von Judaika den Krieg überstanden habe. Er erzählte, daß einige Gemeindemitglieder heimlich eingedrungen seien, kurz bevor die Deutschen in Amsterdam einmarschierten, und die Sammlung oben in der Dachkonstruktion, auf den im Meterabstand angebrachten Dachsparren verstaut hätten, wo man sie von unten nicht sehen konnte – die Sammlung blieb den ganzen Krieg hindurch unangetastet.

In England konzentrierte ich mich auf die frühen aschkenasischen Synagogen in Exeter und Plymouth. Die kleine Synagoge in Exeter dient nur noch rund vierzig Mitgliedern. Hier hat es schon sehr früh eine Gemeinde gegeben, möglicherweise schon zur Zeit der Römer, jedenfalls aber im Mittelalter. Alle jüdischen Bewohner wurden jedoch 1290 aus England vertrieben, und bis ins frühe 18. Jahrhundert durften keine Juden in England leben. Die Synagoge von Exeter wurde 1764 geweiht.

Die Synagoge in Plymouth ist ein freistehender Ziegelbau, der aussieht, als sei er außen stark umgestaltet und restauriert. Das Innere ist ein mittelgroßer Raum, der von einem *Aron* im italienischen Stil und einer großen, aber einfachen hölzernen *Bima* in der Mitte des Raums beherrscht wird. Man spürt das Licht, die Schlichtheit der Anlage und die reiche Tradition. Ein Vertreter der Gemeinde, Herr Greenberg, empfing uns; er berichtete, daß die Zahl der Mitglieder stark abgenommen hätte und sie selten die notwendige Mindestzahl für den Gottesdienst zusammenbrächten. Herr Greenberg macht Führungen; eine Mädchengruppe kam, während wir in der Synagoge arbeiteten. Ich erschrak, als er sie fragte, wer von ihnen denn schon gehört hätte, daß Juden Hörner tragen. Mehrere Hände gingen hoch. Dann erzählte er ihnen ein bißchen über das Judentum und die Synagoge.

In Frankreich begann ich in der Provence. Die bedeutendsten jüdischen Gemeinden in der Provence waren die vier »heiligen« Gemeinden: Avignon, Cavaillon, Carpentras und Isle-sur-la-Sorgue. Weiter westlich gab es jüdische Gemeinden im Languedoc-Rouissillon, darunter Béziers, Montpellier und Perpignan. Und natürlich existierten im Norden, auf Kronland, jüdische Gemeinden. Aber die Provence war unabhängig und einzigartig, für Nichtjuden wie für Juden.

Wenn Sie im Frühling durch die provenzalischen Landschaften reisen, sehen Sie die Provence in ihrer ganzen Herrlichkeit: Der helle, gelbliche Boden ist, Reihen über Reihen, von Weinstöcken bewachsen, gelegentlich unterbrochen von Obstplantagen, Feldern mit Lavendel oder sanften Hügeln voller Olivenbäume – und alles ist in weiches, warmes Licht getaucht.

In der Synagoge von Cavaillon findet sich ein Widerschein dieser Farben in den Pastelltönen des

Herr Greenberg bei einer Führung, Plymouth Hebrew Congregation, Plymouth, England

reich geschmückten Inneren. Vorhalle und Eingang liegen hinter einem Zaun und Tor aus Metall, und der Blick geht auf einen Hof, der zum Haus des Rabbiners gehört. Auch dieses Gebäude wird restauriert. Die Aufteilung der Synagoge ist ungewöhnlich. Sie ist ein schmaler Raum: Der *Aron* befindet sich in der Mitte der einen Längswand, ihm gegenüber eine Estrade mit geschwungener Treppe für das Lesepult. Die Ausschmückung in Cavaillon wirkt geradezu übermütig, typisch für die Architektur in der Provence um 1772, als die Synagoge gebaut wurde. Unter der Synagoge gibt es einen Raum mit einem Backofen, in dem früher die Mazza zum Pessachfest gebacken wurden. Heute ist es ein Ausstellungsraum des Jüdischen Museums.

Später fuhren wir nach Paris, wo ich zwei Synagogen fotografieren wollte. Die eine liegt im alten jüdischen Viertel an der Rue Pavée. Sie ist ein Art-Nouveau-Bau, von dem bekannten Architekten Hector Guimard entworfen. Zu dieser Synagoge gehört eine sehr aktive Gemeinde unter der Leitung von Rav Rottenberg und seinem Sohn; ich hatte das Privileg, einmal die Sabbatmahlzeiten mit ihnen einzunehmen.

Beim Fotografieren beschloß ich, es hier ein bißchen anders zu machen als sonst und mich auf das farbenfrohe Betpult des Vorlesers zu konzentrieren. Es gelang uns eine sehr weiche, zart ausgeleuchtete Aufnahme, aber wir brauchten Stunden, um alles aufzubauen, und arbeiteten bis zum Morgengrauen. Etwa ein Dutzend Männer waren anwesend, um die Tora zu studieren; wenn sie eine Pause brauchten, kamen sie und setzten sich zu uns. Ich hörte, wie einer von ihnen zu seinem Freund sagte: »Sieh bloß mal, wie hart sie arbeiten, um nur eine perfekte Aufnahme zu machen. Wenn jeder von uns so hart arbeitete, um unsere Mizwot, Gottes Gebote, zu erfüllen – stell dir vor, was wir erreichen könnten!« Ich habe versucht, mir diese Worte zu Herzen zu nehmen und meine Mizwot so leuchtend zu machen wie dieses Bild, aber es ist eine mühevolle Aufgabe.

In Deutschland befolgte ich den Rat eines Freundes, des Fotojournalisten Tim Gidal, und fuhr nach Augsburg, um mir die kürzlich restaurierte Synagoge anzusehen, die jetzt jüdisches Museum ist.

Hof und Haus des Rabbiners im alten Ghetto von Cavaillon, Frankreich (oben)

Rabbi Toriman, Synagoge Rue Nazareth, Paris, Frankreich (rechts)

Ich zeigte meine Arbeiten dem Ältesten Spokojny. Julius Spokojny stamme aus Polen, nach dem Krieg hatte es ihn nach München verschlagen. Was war besser für einen Juden, Polen oder Deutschland? Er wollte nach Palästina und nahm Kontakt zu den Zionisten auf, die andere Juden bei der illegalen Einwanderung unterstützten. Als aber seine Frau schwanger wurde, konnten sie die Reise nicht antreten, und er fand sich damit ab, in Deutschland zu leben. Später erzählte er mir, daß er damals viele Nächte in der zerstörten Augsburger Synagoge verbracht hätte, zusammen mit anderen jüdischen Flüchtlingen.

Die Synagoge – das Werk eines Architekten namens Landauer, der selbst aus Süddeutschland stammte – war 1917 eingeweiht worden. Die Juden waren sich damals ihres Status in der deutschen Gesellschaft so sicher, daß sie dieses prächtige Bauwerk trotz der schlechten Auspizien zu Ende bauten. In der Pogromnacht des 9. November 1938, als die meisten Synagogen in Deutschland niedergebrannt wurden, wurde diese nicht vollständig zerstört. Die Außenmauern blieben erhalten und dienten den Nationalsozialisten als Stall. Tausende von Juden der Region wurden ins nahe Konzentrationslager Dachau geschickt und kamen später in Vernichtungslagern um. Nur wenige haben überlebt, und von der Handvoll Juden, die ich in Augsburg kennenlernte, war meines Wissens keiner dort geboren.

Spokojny erzählte mir, daß er, als er Nacht für Nacht auf dem Fußboden oder den Bänken der zerstörten Synagoge lag und durch die riesige Kuppel nach oben schaute, die nun keinen Schutz gegen Regen und Kälte mehr bot, ein Gelübde abgelegt habe: Wenn er diese schlimmen Jahre überlebte und ein neues Leben aufbauen könnte, wollte er diese Synagoge in ihrer alten Herrlichkeit wiederherstellen. Ich fragte ihn, wozu denn eine Synagoge, wenn doch die Menschen ermordet waren, wenn niemand mehr lebte, sie zu nutzen. »Die Deutschen betrachteten die Juden nicht als Menschen, wir waren für sie wie Ratten«, erklärte er. Er wollte sie daran erinnern, daß das Volk, das sie vernichtet hatten, nicht nur menschlich war, sondern ein Volk von Kultur und Fähigkeiten, das großartige Bauwerke errichten konnte, wie dieses. Die Synagoge ist heute Museum. Ständig kommen Schülergruppen. Ich habe mehr als einen Deutschen hereinkommen sehen, der sich setzte und dem die Tränen in den Augen standen.

Die jüdische Gemeinde in Augsburg reicht vermutlich bis in römische Zeiten zurück, aber das heißt nicht, daß die Juden dort vom Altertum bis zu Hitler in Ruhe und Frieden gelebt hätten. Sie waren der gleichen Drangsal unterworfen wie andere jüdische Gemeinden in Europa, mit Vertreibungen, Ritualmordvorwürfen und besonderen Edikten, die vorschrieben, wie sie sich zu kleiden und zu bewegen hatten, und mit denen ihre religiösen und wirtschaftlichen Aktivitäten eingeschränkt wurden. Hitler kombinierte und konzentrierte all die überkommenen Formen der

Vorbeterpult, Synagoge Rue Pavée, Paris, Frankreich

Verfolgung und Erniedrigung auf eine kurze Epoche im 20. Jahrhundert, aber er war nicht der Erfinder der Judenverfolgung. Warum waren die Juden überhaupt in diesen christlichen Ländern geblieben, die trotz Zeiten relativer Toleranz immer so etwas wie Todesfallen gewesen waren? Sie hatten kaum eine andere Wahl gehabt: Es gab nicht viele Orte, an denen sie leben konnten. Wenn in einer Region die Juden ermordet und vertrieben wurden, suchten sie in der nächsten, die sich anbot, Asyl. Oft kehrten sie am Ende an ihre ursprünglichen Wohnorte zurück, von Garantien eines christlichen Herrschers verführt, dem es vielleicht nur um ihre Steuern zu tun war. Nach und nach fielen die meisten Beschränkungen für die europäischen Juden, die schließlich als Vollbürger anerkannt wurden. Viele der »aufgeklärten« Juden betrachteten sich selbst als Vertreter einer spezifisch deutsch-jüdischen Synthese.
Sie glaubten, daß ihr Platz in der deutschen Gesellschaft sicher sei. Für mich sind Symbole dieser Synthese die zwei Greifen in der Augsburger Synagoge. Diese geflügelten Löwen mit den Adlerköpfen umklammern jeweils mit einer der riesigen Krallen die Basis einer siebenarmigen Menora und strahlen eine erstaunliche Stabilität und Kraft aus.

Im ersten Jahr Belsazars, Königs von Babel, schauete Daniel einen Traum und ein Gesicht seines Hauptes auf seinem Lager... Die vier Winde des Himmels stürmten auf das große Meer ein. Und vier große Tiere entstiegen dem Meere, verschieden eines vom andern. Das erste war wie ein Löwe, und Adlerflügel an ihm... Daniel, 7:1–4

Der Greif erscheint im Buch Daniel als eines von vier Geschöpfen, die die vier für Israels Verwüstung und die Vertreibung aus dem Land Israel verantwortlichen großen Mächte der Welt symbolisieren. Der Greif Daniels ist, den meisten Kommentatoren zufolge, ein Sinnbild Babylons, dessen Armeen den Ersten Tempel in Jerusalem zerstörten. Das Geschöpf ist aber auch eine Synthese aus dem Nationalsymbol Deutschlands, dem Adler, und dem Nationalsymbol Israels, dem Löwen von Juda. Diese seltsame Kreatur, so anmutig, gewaltig und schön sie auch war, existierte vorwiegend in der Bilderwelt deutscher Juden. Von der Seite aus sehen die Greifen fast freundlich aus. Von vorn betrachtet sind ihre Gesichter von erschreckender Grausamkeit. Nach dieser ersten Reise nach Augsburg war ich von Deutschland, Augsburg und dem Thema Holocaust wie besessen. Das Gebäude ist in seiner alten Pracht wiederhergestellt. Aber es ist keine Synagoge mehr, sondern ein Grabmal, ein kalter Stein, der den tausend Juden gesetzt ist, die sich dort einmal versammeln konnten. Von den Synagogen, die ich in den letzten Jahren fotografiert habe, mochte ich die einfachen, bescheidenen am liebsten. Aber von all den Gebäuden, die Ehrfurcht, heilige Scheu einflößen sollten, ist die Augsburger Synagoge das wirkungsvollste – sie macht einem buchstäblich Angst. Es ist ein Ort, an dem sich der Mensch vor Gott klein fühlen soll.

Und nun, Israel, was verlangt denn der Ewige, dein Gott, von dir, doch nur, daß du den Ewigen, deinen Gott, fürchtest, in allen seinen Wegen wandelst und ihn liebest, und dem Ewigen, deinem Gotte, mit ganzem Herzen und ganzer Seele dienest... Deuteronomium 10:12–13

Jerusalem-Motiv, Synagoge Horb, Deutschland, Sammlung Israel Museum (unten)

Esrat Naschim, Augsburg, Deutschland (rechts)

ENGLAND

PLYMOUTH HEBREW CONGREGATION, PLYMOUTH, ENGLAND

EXETER HEBREW
CONGREGATION,
EXETER, ENGLAND

SITZ DER PARNASIM,
PORTUGIESISCHE SYNAGOGE,
AMSTERDAM, HOLLAND (oben)

BLICK AUF DEN EINGANG,
PORTUGIESISCHE SYNAGOGE,
AMSTERDAM, HOLLAND (gegenüber)

BLICK AUF DIE TEWA, PORTUGIESISCHE SYNAGOGE, AMSTERDAM, HOLLAND

SYNAGOGE RUE PAVÉE,
PARIS, FRANKREICH (oben)

SYNAGOGE RUE NAZARETH,
PARIS, FRANKREICH (gegenüber)

ברוך אתה בבאך וברוך אתה בצאתך

HECHAL,
SYNAGOGE RUE NAZARETH,
PARIS, FRANKREICH

CAVAILLON, FRANKREICH
(oben)

BIMA,
CAVAILLON, FRANKREICH
(unten)

IN DER DÄMMERUNG,
CAVAILLON, FRANKREICH

ברוך שנתן תורה לעמו ישראל בקדושתו
תרדף

NER TAMID
(EWIGES LICHT),
AUGSBURG, DEUTSCHLAND
(oben)

MOSAIK ÜBER DEM
ARON KODESCH,
AUGSBURG, DEUTSCHLAND
(unten)

PULT DES VORLESERS
UND ARON KODESCH,
AUGSBURG, DEUTSCHLAND
(gegenüber)

AUGSBURG,
DEUTSCHLAND

GREIFEN-MENORA,
AUGSBURG,
DEUTSCHLAND
(oben)

HOLZDECKE
DER SYNAGOGE VON HORB,
DEUTSCHLAND,
SAMMLUNG ISRAEL MUSEUM
(gegenüber)

OSTEUROPA

POLEN, UNGARN UND TSCHECHISCHE REPUBLIK

Komm und sieh, wie beliebt die Israeliten sind beim Heiligen, gepriesen sei er, denn wohin sie auch verbannt wurden, war die Göttlichkeit immer bei ihnen. Wurden sie nach Mizrajim verbannt, war die Göttlichkeit bei ihnen . . . Wurden sie nach Babylonien verbannt, war die Göttlichkeit bei ihnen . . . Und wenn sie dereinst erlöst werden, wird die Göttlichkeit bei ihnen sein . . .

Der Babylonische Talmud, Traktat Megilla

Die Synagoge in Szeged in Ungarn – nahe der Grenze zum ehemaligen Jugoslawien – wurde nach der Emanzipation gebaut, als es Juden gestattet war, große freistehende Gebäude zu errichten. Das Gelände nimmt einen Häuserblock ein, ist von Bäumen bewachsen und mit einem langen metallenen Zaun eingefriedet. Das Innere ist in ähnlichen Proportionen gehalten wie bei der Augsburger Synagoge, aber es gibt mehr Licht, und die Ausschmückung ist in Szeged verspielter. Der Bau ist vielleicht nicht das beste Werk des berühmten jüdischen Architekten Lipost Baumhorn, aber unter denen,

DIE ZERSTÖRTE SYNAGOGE VON RYMANÓW, POLEN (links)

EHEMALIGES BET MIDRASCH DER SYNAGOGE VON TYKOCIN, POLEN (oben)

die den Krieg überlebt haben, sicher das größte und ehrgeizigste. Die farbigen Fenster in den Außenwänden stellen Themen aus dem jüdischen Kalenderjahr dar. Im größten Fenster ist die Synagoge von Szeged selbst abgebildet. Durch dieses Fenster strömt das Licht des Spätnachmittags und beleuchtet die Ostwand der Synagoge und den *Aron Kodesch*. Der erste Rabbiner der Synagoge, so erzählt man mir, war ein begeisterter Botaniker, deshalb sind Pflanzen in der Ausschmückung besonders berücksichtigt. An der Südostseite finden wir ein farbiges Fenster mit unerhört anschaulichen Disteln in starken Farben.

Und zu Adam sprach er: Weil du ... von dem Baum gegessen, von dem ich dir zu essen verboten, so sei die Erde um deinetwillen verflucht, mit Schmerzen sollst du dich von ihr ernähren alle Tage deines Lebens! Dornen und Disteln wird sie dir wachsen lassen ... Genesis 3: 17-18

Wir verbrachten einen vollen harten Arbeitstag damit, dieses Fenster mit seinen hübschen, eleganten dunklen Bögen, die sich zum Eingang hin fortsetzen, zu fotografieren.

Wir reisten weiter durch Ungarn. Ich hätte mich gern überall länger aufgehalten, denn ich liebte die Landschaft und die hübschen ungarischen Städtchen. Wenn ich durch diese Kleinstädte fuhr, hielt ich Ausschau nach älteren Leuten, die sich vielleicht noch an die Juden erinnern konnten. Ich zeigte ihnen ein Bild der örtlichen Synagoge und fragte: »Synagoga?« Oft hatte ich Glück, und sie konnten uns sagen, wo wir sie finden würden.

Aber als wir nach Jánoshalma kamen, wanderten wir eine Stunde lang herum, bevor wir ein von Mauern umgebenes Grundstück entdeckten – die Synagoge. Wir öffneten die Pforte und betraten einen Hof. Bei einer Familie klopften wir an und fragten, ob wir das Gebäude besichtigen könnten. Sie hatten keinen Schlüssel, sagten aber, wir dürften uns gern überall umsehen. Weiter hinten entdeckten wir eine Gedenktafel mit den Namen aller Gemeindemitglieder, die in den Konzentrations- und Vernichtungslagern getötet worden waren. Die Tür zur Synagoge war verschlossen, aber schließlich fanden wir einen Zugang zur Frauenempore und stiegen hinauf – immer fürchtend, daß das heruntergekommene Gebäude über uns zusammenbrechen würde. Offensichtlich waren nach dem Krieg Juden zurückgekehrt; sie hatten wohl versucht, die Gemeinde wieder aufzubauen, hatten dann aber aufgegeben und waren weggezogen. Drinnen stieß ich auf eine der unheimlichsten Szenen, die ich je gesehen habe: Auf jedem Tisch in der Männerabteilung lag ein vertrockneter *Lulaw* – ein Palmzweig vom Sukkotfest. Sie waren zu einem letzten Gottesdienst hier zusammengekommen und dann fortgegangen und nie zurückgekehrt.

Unsere letzte Station in Ungarn war Mád, eine kleine Stadt im Bezirk Tokaj. Der Bürgermeister begleitete uns zur Synagoge und erklärte, daß der Ruhm der Region zu einem großen Teil den jüdischen Kaufleuten zu verdanken sei, die sich hier niedergelassen hatten: Es seien die Juden gewesen, die den Tokajer bekannt gemacht und in der ganzen Welt verbreitet hätten. Einst hat – über Jahrhunderte – eine ganze Gemeinde von gelehrten und sehr frommen Menschen in Mád gelebt. Im Gegensatz zu den reich verzierten Synagogen in anderen Teilen Ungarns ist diese sehr schlicht: eine klassische aschkenasische Synagoge osteuropäischen Stils. Die *Bima* im Zentrum ist aus vier Säulen gebildet. Sie verzweigen sich zu Bögen, die den ganzen Raum einschließen. Es ist ein quadratischer Raum mit Fenstern ringsum und einem steinernen *Aron Kodesch* – ein wunderschöner Ort mit einer richtigen Seele.

Kehilat Hakodesch, Mád, Ungarn (oben)

Gedenkgottesdienst für die Opfer des Holocaust in der ehemaligen Synagoge (jetzt Bibliothek) von Baja, Ungarn (unten)

In Prag ist die aus dem 13. Jahrhundert stammende Synagoge im Herzen des ehemaligen jüdischen Ghettos als Altneuschul bekannt. Sie war Hunderte von Jahren Sitz einer ehrwürdigen jüdischen Gemeinde, der geistigen Heimat vieler großer Gelehrten. Keiner ist berühmter als Juda, Sohn des Bezalel, den die Bürger Prags als den »Hohen Rabbi Loew« kennen und die übrigen Juden als Maharal von Prag. Er lebte von etwa 1525 bis 1609, und um seine Person rankten sich viele

Der Kalender zeigt das Datum des letzten Gottesdienstes vor der Deportation der Juden von Pécs, Ungarn, in die Todeslager (rechts)

Legenden. Eine geeignetere Umgebung für diese Erzählungen als die Prager Altstadt und die Altneuschul gibt es nicht.

Der Maharal war ein glänzender Gelehrter, dessen Schriften noch heute studiert werden. Es heißt, er habe die Kabbala mit ihrer verborgenen Weisheit gemeistert. Viele glauben auch, er habe einen Golem geschaffen – ein seelenloses Geschöpf mit übernatürlichen Kräften –, der die Juden Prags vor ihren Peinigern in Schutz nehmen sollte und vor allem den Ritualmordvorwürfen, die sich in ganz Europa ausbreiteten. Wenn es den Golem gegeben hat, dann liegt seine Leiche auf dem Dachboden der Altneuschul, zu dem der Zutritt für alle verboten ist. Bis zum heutigen Tag soll ihn niemand betreten haben. Die Golemlegende ist Teil der Folklore von Prag geworden. Eine große steinerne Statue seines Schöpfers steht am neuen Rathaus.

Die Altneuschul wird täglich von Tausenden von Menschen besucht. Wir arbeiteten jede Nacht von der Dämmerung bis zum Morgengrauen, nahmen dann am Morgengebet teil und gingen danach schlafen. Ich war überwältigt von der geheimnisvollen Schönheit dieser Synagoge. Und damit stehe ich nicht allein: Jüdische Besucher, die nur für einen Tag in der Stadt waren, klopften zu jeder Tages- und Nachtzeit an die Tür und baten um Einlaß. Das ursprüngliche Gebäude ist später durch einen Anbau erweitert worden. Kronleuchter mit elektrischen Birnen liefern das Licht, aber ein paar Kerzenleuchter sind auch noch vorhanden. Ich benutzte Kerzen für meine Fotos, habe aber ihren weichen, warmen Glanz durch Röhrenblitze verstärkt, um die architektonischen Feinheiten herauszuholen. Diese Aufnahmen waren die kompliziertesten, die ich für dieses Buch gemacht habe: Wir brauchten für jede einzelne eine ganze Nacht.

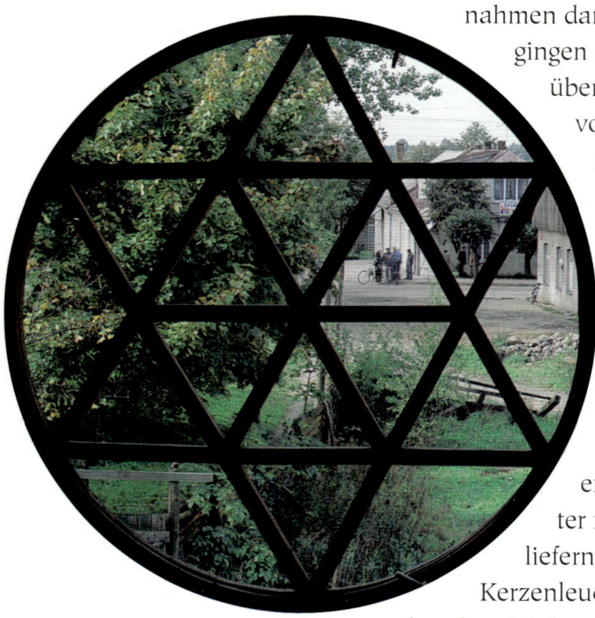

Als Erklärung für den eigenartigen Namen »Altneuschul« wird oft angegeben, daß dies die dritte Synagoge im jüdischen Viertel gewesen sei, deshalb »neue« Schul. Als aber dann noch eine weitere Synagoge gebaut wurde, war sie die »altneu« Schul. Aber vor einigen Jahren begegnete ich in New York einem alten Rabbi, der einst Rav dieser Synagoge gewesen war, und der hatte eine ganz andere Erklärung. Im Talmud (Megilla 28B) sagte Rabbi Assi, die Bethäuser in Babylonien seien »unter Vorbehalt« – *Alt-tenaj* – gebaut, nämlich unter dem Vorbehalt, daß sie für säkulare Zwecke benutzt werden sollen, wenn sie als Synagogen nicht mehr gebraucht werden. Das bedeutet eine Heiligkeit auf Zeit, denn wie die Kommentare ausführen: Eines Tages kommt der Messias, und dann endet die Heiligkeit der Synagogen in der Diaspora. Für Synagogen in Israel gilt das nicht, denn das Gelobte Land ist heilig auf ewig. Trotzdem ist die Altneuschul in Prag nach dem, was der Rabbi berichtete, etwas Besonderes: In ihr Fundament ist ein Stein und Mörtelstaub vom Tempel in Jerusalem eingemauert, den jüdische Flüchtlinge in die Babylonische Gefangenschaft mitgenommen hatten. So war die Synagoge unter dem Vorbehalt gebaut, daß dieser Stein, wenn der Messias kommt, aus der Altneuschul nach Jerusalem zurückgebracht werden muß.

In seinem Buch *Nezach Jisrael* (Ewiges Israel) schrieb der Maharal, das Exil der Juden sei »ein Abweichen von der natürlichen Ordnung, denn der Heilige ... ordnete die Welt so, daß jedes Volk an dem ihm zukommenden Ort wohnte, und der richtige Ort für das Volk Israel ist das Land Israel ... Wenn jemand gezwungen ist, an einem anderen als an dem naturgegebenen Ort zu sein, so kann die Situation nicht von Dauer sein, denn sonst würde das Unnatürliche natürlich werden ...« Ich gestehe, als ich diese Worte zum ersten Mal las, fand ich den Zirkelschluß des Maharal wenig überzeugend. Dann wurde mir klar, daß der Text vor rund vierhundert Jahren in Prag geschrieben wurde, zu einer Zeit großen Leidens für unser Volk. Wie kann ich – ein Einwohner des wiedergeborenen Staates Israel – zweifeln? Er seinerseits war sich ja seiner Sache ganz sicher.

Blick aus der zerstörten Synagoge der ehemals jüdischen Stadt Orla, Polen (oben)

Trauung in der Altneuschul, Prag, Tschechische Republik (rechts)

POLEN

WANDINSCHRIFTEN
IN TYKOCIN, POLEN (oben)

INNERES DER
ZERSTÖRTEN SYNAGOGE
VON RYMANÓW, POLEN
(gegenüber)

TYKOCIN, POLEN (oben)

STARA-SYNAGOGE, KRAKAU, POLEN (unten)

INNERES DER STARA-SYNAGOGE, KRAKAU, POLEN (gegenüber)

ŁAŃCUT, POLEN

ŁAŃCUT, POLEN

UNGARN

MÁD, UNGARN

MÁD, UNGARN

EMPOREN, PÉCS, UNGARN (oben links)

UNTERE SÜDEMPORE, PÉCS, UNGARN (oben rechts)

NORDEMPOREN, PÉCS, UNGARN (gegenüber)

SZEGED, UNGARN

גמילות

SZERESD

»DORNEN UND DISTELN«, SZEGED, UNGARN (oben)

TÜR UND EMPORE, SZEGED, UNGARN (unten)

SZEGED, UNGARN (gegenüber)

SZEGED, UNGARN

ALTNEUSCHUL, PRAG, TSCHECHISCHE REPUBLIK (gegenüber)

ARON KODESCH, ALTNEUSCHUL, PRAG, TSCHECHISCHE REPUBLIK (oben)

ISRAEL

Steht er [ein Beter] außerhalb des Landes Israel, so richte er sein Herz auf das Israelland . . . Steht er im Israelland, so richte er sein Herz auf Jerusalem . . . Steht er in Jerusalem, so richte er sein Herz auf das Heiligtum . . . Steht er im Heiligtum, so richte er sein Herz auf das Allerheiligste . . . So richtet ganz Israel sein Herz nach einem Punkt.

Der babylonische Talmud, Berachot 30

Das war in den vergangenen zweitausend Jahren eine wirksame Methode, Israel und Jerusalem in den Herzen des jüdischen Volkes lebendig zu erhalten. Aber sie haben für die einzelnen ganz verschiedene Bedeutung: Die Nichtreligiösen sehen in Israel einen Zufluchtsort, an dem die Nation – als von der Religion unterschieden – sich auf natürliche Weise entwickeln kann. Die Religiösen sehen Israel als den Ort, an dem wir sowohl physische als auch geistliche Erlösung erfahren werden. Ich rechne mich zu den

ANTIKE SYNAGOGE VON BAR AM, ISRAEL (links)

STEINERNES PORTAL, BAR AM, ISRAEL (oben)

Religiösen und bin Zionist, das heißt, ich glaube, daß wir durch eine stärkere physische Bindung des Volkes Israel an das Land Israel unsere seelische und religiöse Verfassung festigen.

Die älteste Synagoge, die ich für dieses Buch fotografiert habe, stammt aus dem dritten Jahrhundert und liegt kurz vor der Grenze zum Libanon bei Bar Am. Sie befindet sich auf einem von Kakteen überwucherten Hügel, und an Spätsommernachmittagen trifft man dort gelegentlich eine Drusenfamilie; die Eltern pflücken Kaktusfrüchte, während die Kinder in den Ruinen des alten jüdischen Dorfes spielen. Hier und da stehen Gruppen von Bäumen, und an der Ostwand der Synagoge gedeihen Granatäpfel und Oliven. Hinter dem Hügelkamm sieht man die Ruinen des Dorfes, und ganz oben liegt eine verlassene kleine Kirche. An den meisten Tagen kann man fernes Schießen aus Richtung Libanon hören.

Als die Synagoge gebaut wurde, war sie ein eindrucksvolles Bauwerk, zwei Stockwerke hoch mit Steildach und einem fein gemeißelten steinernen Bogen über dem Eingang. Dieser ist nach Süden, nach Jerusalem, ausgerichtet. Man betritt das Gebäude durch einen Säulenvorbau und den Torbogen.

Wohl dem Menschen, der auf mich hört, an meinen Türen wachend Tag für Tag, die Pfosten meiner Pforten hütend... Sprüche 8:34

Der Talmud, der etwa zu der Zeit kodifiziert wurde, als dieses Dorf bewohnt war, interpretiert diesen Vers so, daß man, wenn man eine Synagoge betritt, erst durch ein äußeres und dann durch ein inneres Tor gehen müsse. Hier ist heute nur noch die Fassade einigermaßen erhalten; das Dach fehlt, und die übrigen Mauern sind eingestürzt. Der Bau ist nicht mehr eindrucksvoll, aber es sind noch viele reizvolle Details zu sehen.

Nachts hebt sich die Synagogenmauer undeutlich von dem dunklen Sternenhimmel ab, und es läßt sich kaum sagen, wo sie aufhört und der Himmel anfängt. Das Bauwerk wirkt auf diese Weise wieder vollständig, und die Säulen, die bei Tage klobig dastehen, bekommen dadurch großartige Dimensionen. Eines Nachts wurde mir bewußt, daß die Synagoge in der Dunkelheit eigentlich faszinierender war, weil man ein Gefühl für ihre Proportionen bekommt. Es war also logisch, sie bei Nacht aufzunehmen und sie dabei nur mit der Art Licht zu beleuchten, die im 3. Jahrhundert zur Verfügung stand: Fackeln und Kerzen.

Wir malten das Gebäude mit dem Licht einer Fackel und belichteten lange, während der Vollmond über den fernen Lichtern des Kibbuz Bar Am stand. Auf dem Foto sieht die Synagoge mit ihrem roten Glühen wie das Feuer selbst aus, wie ein entrückter alter Stern.

An einem dünn bewaldeten Berghang in Safed in Obergaliläa, über einem tiefen Wadi mit einem Bach und Obstbäumen, sind, teilweise schon im 16. Jahrhundert, mehrere Synagogen erbaut worden. Sie wurden 1837 bei einem Erdbeben zerstört und danach wieder aufgebaut; die jüdische Gemeinde von Safed benutzt sie heute noch. Inzwischen ist die Stadt gewachsen und bedeckt den ganzen Berg und die benachbarten Höhen und Täler.

Wenn man durch die Altstadt von Safed streift, ist das fast, als wanderte man durch eine Bibliothek: Schmale Häuser stehen eng aneinandergedrängt wie Bücher auf einem Regal. Allerdings passen sie sich in der Höhe den Konturen der Landschaft an. Ab und zu entdeckt man bekannte Namen auf grob gemalten Schildern, die Namen von hebräischen Weisen wie Karo, Abuhaw, Alschech oder dem Ari. Diese Namen findet man sonst eher auf den Rücken hebräischer Bücher, aber in Safed sind sie mehr als nur Namen, sie bezeichnen Persönlichkeiten und Orte – jeder dieser Weisen ist hier heute physisch präsent, weil eine Synagoge nach ihm benannt ist.

Von diesen Synagogen ist keine mehr genau so, wie sie einmal war, aber ein Teil des ursprünglichen Charakters hat sich erhalten. Die älteste war anfänglich nach dem Propheten Elias benannt und später nach Rabbi Isaak Luria, dem Ari, dem berühmtesten kabbalistischen Weisen. Sie liegt oberhalb des Friedhofs unten in der Altstadt. Einst gehörte ein wunderschöner Hof mit einem großen Feigenbaum dazu, aber jetzt ist das ganze Grundstück verschandelt, weil dahinter ein großer Bau errichtet worden ist. Glücklicherweise habe ich diesen Hof und das Innere der Synagoge schon vor Jahren fotografiert. Die Synagoge wird von der sephardischen Gemeinde von Safed benutzt und wird die Ari Sephardi genannt – zur Unterscheidung von der Ari Aschkenasi. Die Ari Aschkenasi hat der Ari nie betreten, denn sie wurde erst im 18. Jahrhundert an der Stelle gebaut, wo er und seine Schüler den Sabbat zu begrüßen pflegten. Sie wurde ebenfalls bei dem Erdbeben von 1837 zerstört und wiederaufgebaut.

Rabbi Jitzschak Abuhaw, der Weise, erreichte damals, im 15. Jahrhundert, Safed nicht, schickte

Jude marokkanischer Herkunft beim Gebet an der Westmauer (Klagemauer) in Jerusalem, Israel (rechts oben)

Hochheben der Tora an der Westmauer, Jerusalem, Israel (rechts)

Fassade der Synagoge von Bar Am, Israel (oben)

Menora. Aus einem antiken Wohnhaus im jüdischen Viertel, Israel Museum, Jerusalem, Israel (links)

aber eine Torarolle mit der Anweisung, eine Synagoge zu bauen. Das ursprüngliche Gebäude wurde beim Erdbeben zerstört; die Torarolle blieb jedoch unversehrt und die Synagoge wurde in kurzer Zeit wieder aufgebaut. Ihre Innenausstattung ist aus schlichtem, blau gestrichenem Holz, und die aufgemalten Dekorationen sind krude aber reizvoll. Ich habe sie vor Jahren fotografiert, bevor man zu den Holzbänken knallblaue Plastikstühle gestellt hatte. Die Ari-Synagoge ist ein beliebtes Ziel für Touristen geworden; die beste Zeit, sie anzusehen, ist deshalb die tägliche Morgenandacht kurz vor Sonnenaufgang.

Auch wenn es diese Synagogen nicht gäbe, hätte Safed etwas von einer heiligen Stadt. Vielleicht liegt das an der klaren Bergluft und den schmalen Gassen, die so alt und ein bißchen vernachlässigt aussehen und anzudeuten scheinen, daß das Äußerliche nicht wirklich wichtig ist.

Der alte Weg von Tel Aviv nach Jerusalem läuft an der Synagoge Mikwe Israel vorbei. Von der Schnellstraße aus führt eine Allee aus großen Palmen direkt dorthin und dann weiter zur Schule. Die Synagoge ist ein großer Steinbau. Wie alle Synagogen aus dieser Epoche ist das Innere schlicht. Zwei Reihen von Bögen teilen den Raum auf. Der *Aron Kodesch* ist aus blau bemaltem Holz; die ursprünglichen Bänke sind durch neuere ersetzt worden, aber auch die sind aus unbeschnitztem Holz. Solche Orte vermitteln ein spartanisches Gefühl von Grenzertum aus einer Zeit, als man weder Geld noch Energie für überflüssige Verzierungen zu verschwenden hatte. Der einzige Schmuck sind die farbigen Fenster und die aufgemalten blauen Streifen an der Decke, aber eben ihre Schlichtheit macht die Synagoge so anziehend.

Zu den frühesten jüdischen landwirtschaftlichen Siedlungen auf dem Gebiet des heutigen Israel gehörten Zichron Ya'akov im nördlichen Küstengebiet und Rishon LeZion etwa in der Mitte des Landes. In beiden wurde der Weinbau zum Haupterwerbszweig, und er floriert bis zum heutigen Tage. Beide Orte entstanden in den achtziger Jahren des 19. Jahrhunderts, und ihre Synagogen ebenfalls. Rishon LeZion (Erste in Zion) liegt nicht weit von der Mikwe Israel, und ganz wie dort nimmt die Synagoge den schönsten Platz ein, in diesem Fall oben auf dem Hügel. Am Fuß des Hügels steht die alte Kellerei. Die Hauptstraße endet am Tor der Synagoge. In Zichron liegt die Synagoge am zentralen Platz in der Stadt.

Beide sind einfache Bauten mit schlichten Fassaden. Die Synagoge in Zichron hat aber ein kunstvoll ausgemaltes Inneres. Viele von den jungen frommen Familien sind inzwischen aus der Innenstadt fortgezogen, aber die Synagoge wird weiterhin genutzt und von der Gemeinde unterhalten. Die Gotteshäuser dieser Zeit sind lichtdurchflutet und erfüllt von einem aus dem Idealismus geborenen Optimismus.

Vor fast 2000 Jahren kam es zu einem denkwürdigen Gespräch. Im Babylonischen Talmud, Makkot 24, wird berichtet, daß die Rabbis Gamaliel, Eleasar ben Asarja, Jehoschua und Akiba miteinander nach Jerusalem gingen. Vom Mons Skopus schauten sie auf die Ruinen des Tempels hinab »und zerrissen sich zum Zeichen ihrer Trauer die Gewänder. Als sie zum Tempelberg kamen, sahen sie einen Fuchs aus dem Allerheiligsten herauskommen; da begannen sie zu weinen, während Rabbi Akiba lächelte. Da sprachen sie zu ihm: Weshalb lächelst du? Er entgegnete ihnen: Weshalb weint ihr?«

Die anderen Rabbis wiesen Akiba darauf hin, daß doch der Tempel zerstört sei, wie es prophezeit worden war: »Wie sollen wir nicht weinen!? Er entgegnete ihnen: Das ist es eben, weshalb ich lächle.« Denn der Prophet Uria habe geweissagt: »Darum soll euretwegen Zion zum Felde umgepflügt werden.« Aber Sararja habe später vorausgesagt, es würden »noch Greise und Greisinnen auf den Plätzen Jerusalems sitzen«.

Akiba fuhr fort: »Würde die Weissagung Urias nicht in Erfüllung gegangen sein, so könnte ich fürchten, auch die Weissagung Sacharjas werde nicht in Erfüllung gehen. Jetzt aber, wo die Weissagung Urias in Erfüllung gegangen ist, ist es sicher, daß auch die Weissagung Sacharjas in Erfüllung geht.« Hierauf sprachen sie zu ihm: »Akiba, du hast uns getröstet. Akiba, du hast uns getröstet.«

Erstaunlich an diesem Gespräch ist Akibas Hoffnung im Angesicht der schrecklichen Realität: Überall in den Straßen Jerusalems lagen die Leichen der Erschlagenen, und die meisten überlebenden Juden waren in die Sklaverei geführt worden. Heute würde man Akiba vielleicht als religiösen Fanatiker bezeichnen, der der traurigen Wahrheit um ihn herum nicht ins Gesicht sehen konnte. Aber die Weisheit und der Trost, die er seinen Freunden vor langer Zeit gab, haben unser Volk bis auf den heutigen Tag getragen.

ARI-SYNAGOGE,
SAFED, ISRAEL
(oben)

ADES-SYNAGOGE,
JERUSALEM, ISRAEL
(gegenüber)

שויתי יהוה לנגד
תמיד
סידור השלם
עץ יוסף
לשליח ציבור
לבני עדות המזרח
צ"ק
כתמר
יפרח
לעילוי נשמת
אבינו עטרת ראשינו
הרב עזרא שעיו
בן מזל זצ"ל
נע כ"ד אב תשמ"ו
ת.נ.צ.ב.ה.
נדבת בני המשפחה הי"ו

ARI-SYNAGOGE,
SAFED, ISRAEL (oben)

WESTFASSADE DER
MIKWE-ISRAEL-SYNAGOGE,
ISRAEL (unten)

MIKWE-ISRAEL-SYNAGOGE,
ISRAEL

*JOCHANAN-BEN-ZAKKAI-SYNAGOGE,
JERUSALEM, ISRAEL*

ARI-ASCHKENASI-SYNAGOGE, SAFED, ISRAEL (gegenüber)

ARON, DETAIL, ARI-ASCHKENASI-SYNAGOGE, SAFED, ISRAEL (oben)

ZICHRON YA'AKOV,
ISRAEL (oben)

ABUHAW-SYNAGOGE,
SAFED, ISRAEL (gegenüber)

JUDE MAROKKANISCHER
HERKUNFT BEIM GEBET
AN DER WESTMAUER ZU
HOSCHANA RABBA,
JERUSALEM, ISRAEL

DIE SYNAGOGE IM WANDEL DER ZEITEN

VON YOM TOV ASSIS

EIN KLEINES HEILIGTUM, EIN MINITEMPEL: DIE URSPRÜNGE DER SYNAGOGE

Als im Jahre 70 das von den Römern unter Titus Flavius Vespasianus belagerte Jerusalem kurz vor dem Fall stand, forderte der berühmte Gelehrte Jochanan ben Zakkai seine Schüler auf, ihn in einem Sarg aus den Mauern der Stadt zu schmuggeln, damit er vor den römischen Befehlshaber treten könne. Den bat er dann um die Erlaubnis, in Jawne ein Lehrhaus zu errichten.[1] Daß einer der maßgeblichen Männer die belagerte Hauptstadt und ihre Verteidiger im Stich ließ, hat sicherlich viele seiner Leute mit Empörung und Abscheu erfüllt; zweifellos hielten manche Rabbi Jochanan für einen Verräter. Aber in der jüdischen Überlieferung werden seine Tat und sein Rang nicht angezweifelt, seine Voraussicht und seine Weisheit nicht in Frage gestellt: Das Lehrhaus in Jawne erwies sich als ein dauerhafteres und stärkeres geistiges Zentrum als der Tempel von Jerusalem.

Vielleicht war der Gründer von Jawne von einer Institution angeregt worden, die rund sechshundert Jahre zuvor mit der Zerstörung des Ersten Tempels 586 v. u. Z. durch Nebukadnezar und der anschließenden Babylonischen Gefangenschaft entstanden war. Bis dahin hatten die Juden keinen Zusammenhang zwischen dem Wunsch zu beten und einem besonderen Gebäude dafür hergestellt; es gibt Hinweise, daß die Menschen im alten Israel an jedem schicklichen Ort beteten, besonders aber an öffentlichen Plätzen im Freien. Und da ja der Tempel in Jerusalem nicht nur für die Einheit des Volkes, sondern auch für eine monotheistische Religion stand, die Vielgötterei und Tempel ablehnte, war es den Israeliten verboten, außerhalb dieser Stadt Tempel zu bauen. Ausdrücke wie »Haus der Versammlung« und »Gottesstätte« in der hebräischen Bibel beweisen nicht, daß es vor der Babylonischen Gefangenschaft in Israel Synagogen gegeben hätte.[2] Gebete wurden an den verschiedensten privaten und öffentlichen Orten gesprochen, zu denen sicherlich auch der Tempel gehörte. (Mehrere Bibelpassagen weisen darauf hin, daß im Tempel, der an einer Stelle sogar Bethaus genannt wird, regelmäßig Gebete gesprochen wurden.)[3]

Alte Überlieferungen datieren die Entstehung der Synagoge in die Frühzeit der Babylonischen Gefangenschaft. Einige Forscher glauben, daß die Synagoge aus Babylon stamme, weil die Juden dort das Bedürfnis hatten, miteinander und an einem eigenen Ort zu beten und zu lernen. Da sie keine Gottesdienste an öffentlichen Plätzen mehr halten konnten, war der Wunsch nach einem Gotteshaus nur natürlich. Frühe jüdische Quellen interpretieren die Worte des Propheten Hesekiel vom »kleinen Heiligtum«, die er in Babylon äußerte, als Haus für den Gottesdienst und für das Lernen.[4] Einer talmudischen Überlieferung zufolge bestehen einige der Synagogen in Babylon seit den Zeiten der Babylonischen Gefangenschaft.[5]

Die Juden, die sich um die Zeit der Zerstörung des Ersten Tempels 586 v. u. Z. in Ägypten und anderen Teilen Nordafrikas niederließen, bauten tatsächlich Tempel, aber das war nicht die Regel in der Diaspora, wo die Synagoge zum Zentrum des jüdischen Lebens und zum einzigen Haus der Anbetung wurde. Obwohl der erste überzeugende Beweis für die Existenz von Synagogen aus dem hellenistischen Ägypten des dritten Jahrhunderts v. u. Z. stammt, ist es unwahrscheinlich, daß die Synagogen dort entstanden sind. Wenn sie nicht vor der Zerstörung des Ersten Tempels in Israel bereits existierten, wurden sie entweder aus der Gefangenschaft mitgebracht, als die Juden nach 538 v. u. Z. in ihr Heimatland zurückkehrten, oder um eben diese Zeit in Israel selbst entwickelt.

In dem Jahrhundert vor der Zerstörung des Zweiten Tempels gab es in Israel und der Diaspora zahlreiche Synagogen. Sie waren zur religiösen Institution geworden, so daß es sogar innerhalb des Tempelbezirks eine gab. Die Gesamtbevölkerung Israels war in vierundzwanzig »Dienstgruppen« aufgeteilt, deren Vertreter in wöchentlichem Wechsel in den Tempel geschickt wurden; die übrigen Mitglieder der Gruppe versammelten sich während dieser Woche in der örtlichen Synagoge, wo sie beteten und Bibel lasen. Antike Quellen bezeugen die Gottesdienstordnung in der Synagoge am Versöhnungstag: da gab es Opferkult und Gebete zur gleichen Zeit nebeneinander.[6]

Nach der Zerstörung des Zweiten Tempels im Jahre 70 wurde die Synagoge mit der *Bet Midrasch* (dem Lehrhaus) zum Zentrum des jüdischen Lebens. Der Jahrestag der Zerstörung war über Generationen ein Tag der Trauer und des Fastens, aber die Juden überlebten die Katastrophe, und das Judentum paßte sich mit Erfolg an die neuen Lebensbedingungen ohne Heimatland und ohne Tempel an. Wenn die Tora die bewegliche Heimat der Juden in ihrem langen Exil war, war die Synagoge als Haus des Gottesdienstes und des Lernens tatsächlich ihr Miniatur-Tempel und ihre lebendigste Einrichtung. Wo immer eine jüdische

Gemeinde entstand, wurde eine Synagoge errichtet. Tatsächlich gab es keine Gemeinde, so bescheiden sie auch sein mochte, ohne Synagoge.

RITUS UND GOTTESDIENSTORDNUNG IN DER SYNAGOGE

Eine alte Überlieferung schreibt die erste Fassung gemeinsamer jüdischer Gebete den Männern des Synedriums zu, der obersten jüdischen Behörde zur Zeit des Zweiten Tempels. Die frühesten Gebete werden mit Esra und Nehemia in Verbindung gebracht, den zwei Führungspersönlichkeiten aus Babylon, die den Wiederaufbau des zweiten jüdischen Bundesstaates im 5. Jahrhundert v. u. Z. leiteten. Diese Gebete bestanden aus zwei Teilen: den drei Toraabschnitten, die als *Schema* bekannt sind, mit den dazugehörigen Benediktionen, und der *Amida*, dem Achtzehnbittengebet, dem jüdischen Gebet par excellence. Die Vorgabe von festgelegten Gebeten wurde nicht überall ohne Widerspruch hingenommen, aber eine Gottesdienstordnung hatte sich lange vor der Zerstörung des Zweiten Tempels in den Synagogen etabliert. Die um das Jahr 200 zusammengestellte *Mischna* enthält bedeutende Hinweise und Belege aus früheren Jahrhunderten über öffentlich, in Anwesenheit eines Quorums von mindestens zehn erwachsenen Männern gesprochene Gebete. Diese Hauptgebete sind so alt, daß sie in den frühesten Riten, die sich in Israel und in Babylon entwickelten, enthalten sind.[7]

Von diesen zwei Zentren des Judentums – Israel und Babylon – aus haben sich unterschiedliche Formen des Ritus entwickelt und in der Diaspora verbreitet. Zeitweise existierten die beiden Zweige in den Zentren und in verschiedenen Ländern nebeneinander. Ihre Urformen sind nicht erhalten, aber die talmudische Literatur macht es uns möglich, sie mehr oder weniger zu rekonstruieren, und Ritus und Brauchtum aller späteren jüdischen Gemeinden scheinen sich auf den einen oder anderen der beiden Zweige zurückführen zu lassen. Vom 7. Jahrhundert an, als die Juden entweder unter islamischer oder christlicher Herrschaft lebten, deckten sich die Zweige mit der politischen und religiösen Spaltung der jüdischen Welt: Der Ritus des israelischen Zweiges herrschte in christlichen Ländern vor, der des babylonischen in den muslimischen Ländern. Der Einfluß des Ritus aus Israel in den Synagogen der christlichen Länder war zurückzuführen auf die enge Bindung zwischen den jüdischen Gemeinden in der christlichen Welt und denen in Israel, das bis zur arabischen Eroberung 632 unter byzantinischer Herrschaft stand. Die Gemeinden unter dem Islam wurden von der jüdischen Gemeinde von Babylon beeinflußt, das 500 Jahre lang, seit der Abbasidenregierung in Bagdad im 8. Jahrhundert, das Zentrum des islamischen Weltreichs war.[8]

Zum israelischen Zweig gehörten der »romanische«[9] oder byzantinische Ritus, der italienische, französische, deutsche oder aschkenasische und, damit eng verwandt, der polnische Ritus. Der romanische Ritus wurde im Oströmischen Reich befolgt und überlebte unter den Türken an mehreren Orten, wo griechischsprechende Juden einen bedeutenden Anteil an der jüdischen Bevölkerung hatten und auch dann noch in der Mehrheit waren, als sich nach 1492 eine große Zahl jüdischer Flüchtlinge aus Spanien im Osmanischen Reich niederließen. Die jüdischen Gemeinden von Ioannina in Nordgriechenland und Chalkis nördlich von Athen blieben bis zu ihrer fast vollständigen Vernichtung in unserem Jahrhundert romanisch.[10] In Istanbul wurde dieser Ritus bis zum Beginn des 20. Jahrhunderts befolgt.

Der italienische Ritus ist die älteste aller erhaltenen Ausformungen dieses Zweiges, und in Rom, Venedig, Mailand, Padua und anderen Orten in Italien sowie in der Italienischen Synagoge in Jerusalem wird er noch befolgt. Früher hielten sich auch Synagogen auf Korfu und in der Türkei an diesen Ritus. Die alte französische Ordnung, wie sie sich im *Machsor Vitry* und anderen Quellen findet, war einst in ganz Nordfrankreich und seit der Ankunft normannischer Juden nach der Eroberung von 1066 auch in England die gültige. Doch nach einer Serie von Vertreibungen zwischen 1290 und 1394 war sie verlorengegangen; sie wurde vom deutschen Ritus, der ihr ohnehin eng verwandt war, aufgesogen, als sich französische Juden in aschkenasischen Gemeinden niederließen. Die französischen Juden wurden auch anderswo schließlich von bestehenden Gemeinden absorbiert, obwohl es noch eine Zeitlang französische Synagogen außerhalb Frankreichs gab – die »Sinagoga de los Franceses« in Barcelona zum Beispiel, wo sechzig jüdische Familien aus Frankreich sich nach der Vertreibung von 1306 hatten niederlassen dürfen. Der französische Ritus hielt sich allerdings bis ins 20. Jahrhundert in drei Gemeinden des Piemont in Nordwestitalien, in Asti, Fossano und Moncalvo. Spuren dieses Einflusses lassen sich auch in anderen piemontesischen Synagogen nachweisen.

Die deutsche oder aschkenasische Gottesdienstordnung und ihre polnische Variante sind sicher am verbreitetsten. Der Ritus entwickelte sich in Deutschland und verbreitete sich von da infolge von Verfolgung und Vertreibungen nach Osteuropa. Synagogen, in denen der aschkenasische Ritus galt, wurden überall da errichtet, wo sich eine ausreichende Anzahl von deutschen Juden niederließ – in Italien, der Türkei, Holland, Israel und neuerdings in ganz Westeuropa und Amerika. Das aschkenasische Gebetbuch enthält Passagen, die die Geschichte vieler verschiedener Gemeinden spiegeln.

Mehr als tausend Jahre jüdischen Lebens in Babylon haben einen Ritus hervorgebracht, der sich von dem des israelischen Zentrums in vielen Details deutlich unterscheidet. Mit den muslimischen Eroberungen setzte sich diese Überlieferung in allen Ländern unter muslimischer Herrschaft durch. Nach der Verlegung des politischen und religiösen Zentrums nach Bagdad konnten die babylonischen Juden ihre Normen und Bräuche auf die im ganzen riesigen muslimischen Reich verstreuten Gemeinden übertragen. Die Abbasidenbehörden erkannten die Führung der babylonischen Akademien von Sura und Pumbedita für alle in ihrem Gebiet lebenden Juden an. Diese Akademien hatten ihre Führungsposition im jüdischen Leben schon über mehrere Jahrhunderte hin bewiesen, und es war für die Abbasiden-

Kalifen am bequemsten, ihre Jurisdiktion und ihren Einfluß sowie die Autorität des Exilarchen (des säkularen Hauptes der babylonischen Juden) in den Gemeinden unter ihrer Herrschaft zu stützen. Die engen Kontakte, die die jüdischen Gemeinden in der islamischen Welt zu den Akademien von Babylon hielten, führten zu einer beträchtlichen Einheitlichkeit in der Gottesdienstordnung und der Form der Gebete. Das babylonische oder orientalische Gebetbuch war Vorbild für alle Gemeinden in der muslimischen Welt.

Die spanische Gebetsordnung ist das deutlichste Beispiel für den Ritus des babylonischen Zweiges. Wie die spanischen Juden unter den babylonischen Einfluß gerieten, ist klar. Mitte des 9. Jahrhunderts wurde Natronai Gaon, Leiter der Akademie in Sura, von den Juden aus Lucena in Spanien gebeten, ihnen die Gottesdienstordnung zukommen zu lassen. Er schickte ihnen den kurzen *Seder Mea Berachot* (Ordnung der einhundert Benediktionen). Einige Jahre später sandte Amram Gaon, inzwischen Leiter der Akademie, auf Bitten der spanischen Gemeinden ein ganzes Gebetbuch. Es ist unter dem Namen *Siddur Amram Gaon* bekannt und erhalten.

Die spanische oder sephardische Form des Gottesdienstes entwickelte sich im Laufe der Zeit weiter. Ein entscheidendes Charakteristikum war die religiöse Lyrik des »goldenen Zeitalters« der berühmten Dichter unter den andalusischen Juden zwischen 950 und 1148. Die bekanntesten sind Abraham ibn Esra, Moses ibn Esra und Jehuda Halewi. Ihre Dichtung schmückte die sephardischen Gebete an Fest- und Feiertagen. Eine zusätzliche sephardische Abweichung war der tiefe Einfluß der Kabbala im späten Mittelalter. Mit der Zeit wurde das sephardische Gebetbuch von seinem babylonischen Gegenstück unabhängig.

Als die Juden aus Spanien vertrieben wurden, nahmen sie ihren Ritus mit. Im Laufe der Zeit spaltete er sich in mehrere Varianten auf. Wo immer sich eine ausreichende Zahl Juden aus derselben spanischen Stadt oder Region im Osmanischen Reich niederließen, bildeten sie eine eigene Gemeinde und errichteten eine Synagoge mit ihrem eigenen Ritus. So hatten die aragonischen und katalanischen Juden in Saloniki und Edirne ihre eigene Synagoge und ihr eigenes Gebetbuch, das *Machsor Aragón* und das *Machsor Barcelona;* sie wurden vor rund dreihundert Jahren im Osmanischen Reich veröffentlicht.

Oft ersetzte das Gebetbuch der spanischen Juden das am Ort vorhandene, weil die einheimischen Juden von den Sepharden assimiliert wurden. Das geschah zum Beispiel im Nahen Osten, auf der Balkanhalbinsel und ebenso in Nordafrika, besonders in Marokko. Einige Juden gingen 1492 über die Grenze nach Portugal, wo sie aber in der Falle saßen und 1497 gezwungen wurden, zum Christentum überzutreten. Im 17. Jahrhundert gründeten Nachkommen dieser *Conversos* dann jüdische Gemeinden in Amsterdam, London, Hamburg, Bayonne und Bordeaux, und später kamen sie in die Neue Welt. Nachdem sie etliche Generationen als Kryptojuden im Christentum gelebt hatten, gingen ihre eigenen Traditionen verloren, aber unter der Leitung von sephardischen Rabbis aus etablierten Gemeinden der Diaspora im Mittelmeerraum übernahmen sie den in Italien, Marokko und dem Osmanischen Reich jeweils üblichen Ritus (mit gewissen eigenen Zutaten). Deshalb herrscht heute in London, Amsterdam, New York und an anderen Orten, an denen westliche Sephardim leben, der spanisch-portugiesische Ritus vor.

Der jemenitische Ritus ist eine besondere Variante der babylonischen Gruppe. Die jemenitischen Juden gehören zu den ältesten und isoliertesten Gemeinden der Diaspora. Verfolgung und Unterdrückung hätten sie im 12. Jahrhundert verzweifeln lassen, hätten nicht Trostbriefe des Philosophen Maimonides sie zur Standhaftigkeit ermahnt und ihnen Kraft und Begeisterung eingeflößt. Die ihn verehrenden jemenitischen Juden hörten seine ermutigenden Worte und akzeptierten seine Entscheidungen auf allen Gebieten, auch auf dem der Form des Gottesdienstes. Ihr Gebetbuch, das Tachlal, war stark von ihm beeinflußt. Schließlich entwickelten sich im Jemen zwei Formen des Ritus, die alte einheimische und die sephardisch orientierte.

Ein persischer jüdischer Ritus ist nur in Schriftform erhalten: Er wurde von dem orientalischen Gebetbuch, das sich im östlichen Mittelmeerraum durchsetzte, verdrängt. Ein provenzalischer Ritus hielt sich jahrhundertelang in Avignon, Carpentras, Cavaillon und Isle-sur-la-Sorgue. Diese Städte liegen alle im Comtat Venaissin, das bis zur Französischen Revolution zum Kirchenstaat gehörte. Als 1394 die Juden aus Frankreich vertrieben wurden, durften diese Gemeinden als einzige weiterexistieren. (Die ersten Juden, die am Anfang des 17. Jahrhunderts im übrigen Frankreich wieder auftauchten, waren ehemalige *Conversos;* sie hatten gegen Ende des 16. Jahrhunderts in Südwestfrankreich ihre ersten Schritte in jüdischer Theologie im Untergrund getan.) Der provenzalische Ritus gehörte weder dem babylonischen noch dem israelischen Ritus eindeutig an und enthielt wahrscheinlich Elemente aus beiden. Mit diesen vier jüdischen Gemeinden des Comtat Venaissin ging es jedoch nach der Französischen Revolution schnell bergab. Seit der Judenemanzipation von 1791 durften die Juden das Comtat verlassen und sich überall in Frankreich ansiedeln. Sie assimilierten sich schnell, obwohl noch bis zum Zweiten Weltkrieg provenzalische Gottesdienste gehalten wurden. Heute dienen die Synagogen in Avignon und Carpentras neueren jüdischen Einwanderern, die meist aus Nordafrika kommen und dem sephardischen Ritus folgen. Die Synagoge in Cavaillon wird nicht mehr als solche genutzt und dient als Museum.[11]

Das sephardische Gebetbuch machte nach der Vertreibung aus Spanien eine radikale Verwandlung durch. Der Mystizismus verbreitete sich unter den Flüchtlingen. Besonders sichtbar wurde das im 16. Jahrhundert in Safed im Bergland von Galiläa, wo sich sephardische Juden gesammelt hatten. Hier wurden neue Gebete und andere Veränderungen aufgenommen. Dem Freitagabendgottesdienst wurde ein ganzer Abschnitt hinzugefügt, das sogenannte *Kabbalat Schabbat,* »Begrüßung des Sabbat«. Dazu gehört auch das Gedicht »Lecha Dodi« von einem der Safeder Mystiker, Salomo ha-Lewi Alkabez, das heute in praktisch allen jüdischen Gemeinden am Sabbatabend gesungen wird. Ein weiterer großer Mystiker in Safed war Josef Karo, der Verfasser des *Schulchan Aruch*, das zum Gesetzbuch für Juden in aller Welt wurde. Der bei weitem größte unter den Mystikern war Isaak Luria, dessen nur zweijähriger Aufenthalt in Safed einen tiefen Eindruck hinterließ. Er und die anderen Mystiker veränderten sowohl die Form als auch den Inhalt der Gebete. Und nicht nur das sephardische Gebetbuch war davon betroffen: Dank den Rabbinern, die die lurianische Kabbala übernahmen, drang der Mystizismus tief nach Polen ein. Das Ergebnis war ein neuer Ritus unter aschkenasischen Juden, der *Sepharad*, in dem die alte Form des Gottesdienstes mit kabbalistischen Passagen und sephardischen Versionen mancher Gedichte kombiniert war. Dieser Ritus verbreitete sich schnell und wurde zur Grundform der Gottesdienstordnung im Chassidismus. Im heutigen Israel verbreitete er sich weiter, und rabbinische Behörden betrachten ihn als die brauchbarste Version in Fällen, wo Menschen mit unterschiedlichem Hintergrund miteinander beten wollen.[12]

DIE STRUKTUR DES JÜDISCHEN GEBETSGOTTESDIENSTES

Wenn man sich einen Begriff machen will, welche Rolle die Synagoge im jüdischen Leben spielt, muß man etwas über die Struktur des jüdischen Gottesdienstes wissen; einige Details sind in allen Riten und in allen Gemeinden gleichgeblieben. Im Prinzip ist die Synagoge der wichtigste Ort für das gemeinsame Gebet – das in Anwesenheit von mindestens zehn erwachsenen Männern gesprochen wird.

Juden sind verpflichtet, täglich dreimal zu beten: das Morgengebet *Schacharit*, das Mittagsgebet *Mincha* und das Abendgebet *Arwit* oder *Maariv*. Am Sabbat, an Feiertagen und zu Neumond *(Rosch Chodesch)* kommt ein zusätzliches Gebet hinzu *(Mussaf)*, und am Versöhnungstag (Jom Kippur) ein fünftes, abschließendes, das *Neila*. Das jüdische Gebet besteht im wesentlichen aus den leise, im Stehen und mit dem Gesicht nach Jerusalem gesprochenen Bitten der *Amida*. Während der *Amida* ist keinerlei Unterbrechung oder Störung gestattet. Beim Abend- und beim Morgengebet werden vor der *Amida* das *Schema* gelesen und vorher und hinterher Benediktionen. Das *Schema* besteht aus drei Absätzen aus der Tora[13], die die wesentlichen Überzeugungen der Juden enthalten. Der erste Absatz beginnt mit dem Vers »Höre, Israel, der Herr, unser Gott, der Herr ist einzig«, seit undenklichen Zeiten der Kern des jüdischen Glaubensbekenntnisses.[14]

Ein weiterer wichtiger Teil im jüdischen Gottesdienst ist die Toralesung, die nur in Anwesenheit eines *Minjan*, eines Quorums von zehn Männern, stattfindet. Die Tora wird morgens nach der *Amida* gelesen, und zwar Samstag, Montag und Donnerstag, an Festtagen, Fastentagen und zu Neumond, außerdem vor der *Amida* am Nachmittag jeden Samstag, am Versöhnungstag und an den Fastentagen. Samstagmorgens wird die Tora in fortlaufenden Abschnitten gelesen, so daß das ganze Buch innerhalb eines Jahres durchgenommen wird. Ein Wochenabschnitt heißt *Parascha* oder *Sidra*. Dieser Jahreszyklus, der sich in der ganzen jüdischen Welt ausgebreitet hat, entstand in Babylon. In Israel befolgte man früher einen Dreijahreszyklus, aber auch da wurde er durch den babylonischen einjährigen ersetzt. An Fest- und Fastentagen beziehen sich spezielle Toratexte auf den Anlaß.

Da die Toralesung ursprünglich eine erzieherische Funktion hatte, wurde sie in den Jahren, in denen von den Juden im Nahen Osten überwiegend Aramäisch gesprochen wurde, manchmal ins Aramäische übersetzt – von der Zeit des Zweiten Tempels bis ins 6. Jahrhundert. Der *Turgeman* oder Dolmetscher sprach die aramäische (oder manchmal auch griechische) Fassung gleichzeitig mit der hebräischen Lesung. Dieser Brauch schwand nach und nach, weil Juden mit dem Aramäischen oder Griechischen nicht mehr vertraut waren. Seit der Spätzeit des Zweiten Tempels war der Wochenabschnitt aus der Tora auch Thema einer Predigt in der Synagoge. Sie wurde oft von demjenigen gehalten, der aus der Torarolle las. Nach der Zerstörung des Tempels wurde die Predigt ein fast allgemeiner Brauch in der Synagoge.

Ursprünglich wurde von den Teilnehmern erwartet, daß sie selbst einen Abschnitt aus der Tora lasen, wenn sie aufgerufen wurden. Aber als die Kenntnis des Hebräischen abnahm, wurde ein Vorleser ernannt, der für sie las. Wie viele Männer zur Toralesung gebeten wurden, hing vom Tag ab: am Samstag sieben, zu Jom Kippur sechs, an Feiertagen fünf, an geringeren Festtagen und zu Neumond vier und sonst drei. Dieser Brauch hat sich außer in Reformsynagogen bis heute gehalten. Wer zur Tora gerufen wird, muß erwachsen sein – mindestens dreizehn Jahre alt. In der Antike, so lassen Quellen vermuten, konnten auch Frauen zur Toralesung aufgerufen werden, aber diese Tradition wurde aufgegeben. Heute jedoch werden in Reformsynagogen und auch in manchen konservativen Synagogen Frauen wie Männer zur Tora gebeten.[15]

Öffentliche Gebete können nur in Anwesenheit eines *Minjan* stattfinden. Zehn Männer, auch wenn sie ganz unwissend sind, machen dieses Quorum aus, neun große Gelehrte reichen nicht. Es gibt Berichte, daß einst in Israel sieben Männer für ein *Minjan* gereicht hätten, aber das hat sich nicht durchgesetzt. Wenn kein *Minjan* zugegen ist, wird die Tora nicht aus dem Schrein geholt, eine Lesung findet nicht statt. Auch wiederholt dann kein Vorbeter die *Amida* oder andere wichtige Teile des Gebets – das *Kaddisch*[16], die *Keduscha* und den priesterlichen Segen. Zuzeiten haben die Gemeinden andere Möglichkeiten gesucht, um das Quorum zu erfüllen. In der Antike hatten sie die *Asarach Batlanim*, zehn »Müßiggänger«, die jederzeit zu diesem Zweck bereitstanden. Auch in neuerer Zeit haben Gemeinden Männer zu diesem Zweck angeheuert.

FORMEN UND ANSTAND

Die persönlichen Gebete der Juden sind ihre eigene Sache; jeder Mann und jede Frau kann immer und überall beten, selbstverständlich auch in der Synagoge. Die Synagoge ist jedoch nicht dazu da, einzelnen Juden die angemessene Umgebung für die Verrichtung ihres Gebets zu bieten. Ihr hebräischer Name, *Bet Knesset,* ebenso ihr aramäischer und vor allem ihr griechischer und damit ihr Name in allen europäischen Sprachen, bezeichnet einen Ort der Versammlung: Ihre Aufgabe ist also eine öffentliche. Und zu den wichtigsten Funktionen gehört das öffentliche, das gemeinsame Gebet.

Viele alte Quellen unterstreichen die Bedeutung des gemeinsamen Gebets. »Wenn zehn beten, ist die Göttlichkeit mit ihnen«, steht im Talmud. »Der Heilige, gepriesen sei er, ist im Bethause«, heißt es an anderer Stelle; das verbindet Synagoge und Gläubige miteinander.[17] Die zehn Männer eines *Minjan* vertreten die jüdische Allgemeinheit oder Gemeinde, ohne die das öffentliche Gebet nicht stattfinden kann. Bei so allgemeiner Einbeziehung ins Gebet sind für den harmonischen Ablauf bestimmte Regeln vonnöten. Die Vorschrift, sich mindestens dreimal täglich zu bestimmten Zeiten zu treffen, ist eine disziplinarische Maßnahme, die anarchischen Neigungen entgegenwirkt. Die Gebete erfordern Ähnliches: Die *Amida* zum Beispiel muß im Stehen leise gesprochen werden. Ebenso sollen das *Schema* und seine Benediktionen ohne unnötige Unterbrechungen gesagt werden.

Abgesehen von diesen Einschränkungen gibt es keine strengen Regeln, die für alle Gemeinden gelten. Und obwohl sich die Juden im allgemeinen in der Synagoge genauso benehmen wie anderswo, sind die Formen nie recht mit den Inhalten vereinbar gewesen. Rabbinische Verbote ungehörigen Benehmens konnten die in der alten jüdischen Welt verbreiteten Sitten oder Unsitten nicht unterbinden. Der Brauch, von dem in der *Mischna* berichtet wird, daß sich nämlich die Frommen der Vorzeit eine Stunde in Meditation versenkten, bevor sie zu beten begannen, war ein Ideal – ein Standardverhalten war er nie.[18] Das gleiche gilt für Verse wie »Stets stellt' ich den Ewigen mir gegenwärtig vor«[19] und das »Wisse, vor wem du stehst«, die man oft als Wahlsprüche an Synagogen findet.

Über Unterhaltungen während des Gottesdienstes, die immer wieder scharf verurteilt wurden, haben sich im Mittelalter in allen Ländern die Rabbiner erregt. Einige Gemeinden erließen Verordnungen gegen die Gläubigen, die ihre Nachbarn beim Gebet störten und den Gottesdienst unterbrachen; erreicht wurde damit wenig. Klagen über Gelächter, Reden und weltliche Unterhaltungen haben nie aufgehört. Um des Lärms und mangelnden Anstands willen, ließ Maimonides sogar die Wiederholung der *Amida* während des *Mussaf* (des zusätzlichen Gebets) am Samstag und an Festtagen aus. Er machte sich Sorgen, weil respektloses Verhalten einen schlechten Eindruck auf Nichtjuden machen konnte.

Zu einem Mangel an Anstand kam es nicht unbedingt aus Unehrerbietigkeit oder fehlender Frömmigkeit. Die Juden verhielten sich in der Synagoge einfach völlig ungezwungen. Die Länge der Gebete einerseits und die Nutzung der Synagogen auch als Stätten der Bildung sowie zu gesellschaftlichen Zwecken in der Gemeinde andererseits trugen zur Lässigkeit des Benehmens während des Gottesdienstes bei. Schließlich gab es Störungen, die bedenklicher waren. Gewalttätigkeit in der Synagoge wurde selbstverständlich von Rabbinern und Synagogenbediensteten überall und immer, im Mittelalter wie in der Neuzeit, verurteilt. In Frankreich und Deutschland konnten seit dem 11. Jahrhundert Gebete unterbrochen werden, wenn Juden Grund zur Klage gegen einen – in der Regel anwesenden anderen Juden hatten und sonst nicht zu ihrem Recht kommen zu können glaubten; sie übten Druck aus, damit er sich bereit erklärte, vor Gericht zu erscheinen und sich einem Urteil zu unterwerfen. Diese Sitte wurde aber so häufig mißbraucht, daß sie eingeschränkt werden mußte.

Es wird erwartet, daß Juden anständig und sauber gekleidet in der Synagoge erscheinen. Ihre Kleidung muß für halachische Begriffe annehmbar sein. Frauen bedecken (außer neuerdings in nichtorthodoxen Synagogen) ihr Haupt, in orthodoxen und traditionalistischen Synagogen Männer ebenfalls. Wie diese Vorschrift entstanden ist, ist unklar; in den biblischen Quellen gibt es keinen Hinweis; der Talmud erwähnt sie als nicht überall praktizierte Sitte. Im Mittelalter betrachteten die meisten Gemeinden das Bedecken der Häupter während des Gebets als obligatorisch. (In Italien und vielen sephardischen Gemeinden war diese Pflicht auf das Gebet beschränkt.) Der Brauch hielt sich und verbreitete sich über die ganze jüdische Welt und wurde erst in neuerer Zeit vom Reformjudentum verworfen.

In vielen Gemeinden waschen sich die Menschen die Hände, bevor sie die Synagoge betreten. An einigen im Mittelalter gebauten Synagogen findet sich deshalb ein besonderes Wasserbecken am Eingang.[20]

MUSIK UND GESANG

Alle jüdischen Gemeinden singen Gott ihre Gebete. Was dem Ohr des Menschen angenehm ist, wird auch Gott angenehm sein, und im Gesang bringt der Mensch Gott das Schönste dar, das er seinen Mitmenschen darbringen kann. Die Anfänge der jüdischen liturgischen Musik liegen im dunkeln, aber es muß eine Verbindung zwischen der Synagogenmusik und den musikalischen Traditionen im Tempeldienst bestehen. Wir wissen aus mehreren Psalmen, daß die religiösen Lieder von Instrumenten begleitet wurden, wir wissen auch, daß zum Tempel ein Orchester und ein Chor der Leviten gehörte. Mit der Zerstörung des Tempels endete aber auch die Tradition der Tempelmusik, nicht nur weil dort keine Gottesdienste mehr gehalten wurden, sondern wegen der selbstauferlegten Trauer: Zur Erinnerung an den Tempel war Musik an Samstagen und an Feiertagen verboten.

Die frühesten Hinweise auf liturgische Musik stammen aus talmudischen Zeiten. Der *Chasan* (der den Gottesdienst leitete) mußte eine gute Stimme haben und mit seinem Singen den Gläubigen die rechte Stimmung zu dem jeweiligen Anlaß einflößen können, mochte es nun ein fröhlicher oder ein trauriger sein. Musikalische Notationen (Akzente) wurden den Texten beigegeben, so daß sie gesungen werden konnten. Es entwickelten sich verschiedene Kantilationen für die verschiedenen

Bücher und Abschnitte der Bibel; Aschkenasen, Sepharden, »Romanen«, arabischsprechende Orientalen, Jemeniten, Italiener und andere haben jeweils ihre eigenen Melodien für diese Kantilationen. Aber die Musikakzente, die *Teamim*, sind für alle Gemeinden die gleichen.

Seit dem Ende der talmudischen Zeit, vom 6. und 7. Jahrhundert an, wurde das Singen der Gebete in der Synagoge die Norm. Schließlich war es so, daß vom *Chasan* nicht einfach Musikalität und eine gute Stimme erwartet wurde – er wurde ihretwegen gewählt. Im Nahen Osten übte die byzantinische christliche Kirche einen tiefen Einfluß auf die frühe liturgische Musik der Juden aus. Nach und nach lernten die Gebildeten den Wert der Melodien schätzen und förderten die Ausschmückung der Gebete durch Gedichte und Gesänge, die *Pijutim*. Die Autoren der liturgischen Gedichte, die *Paitanim*, lieferten den ersten größeren Beitrag zur Synagogenmusik. Die Melodien zu den *Pijutim* waren manchmal aus nichtjüdischen Quellen entlehnt; zum Teil wurden sie in den Gebetbüchern angegeben und erregten gelegentlich heftige Kritik. Inzwischen wußten die Juden in der sich immer weiter ausdehnenden Diaspora nichts mehr von den musikalischen Traditionen Israels. So wurde zwangsläufig die Synagogenmusik von der einheimischen Musik, der Umgebung stark beeinflußt. Die musikalischen Bräuche waren im Mittelalter so sehr Teil des Gottesdienstes geworden, daß sich die Gebildeten Versuchen widersetzten, ihre regionalen Traditionen zu verändern.

Die jüdische musikalische Tradition, die sich unter dem Einfluß der einheimischen Musik in Italien entwickelte, zeigt, wie die Juden kulturell und sozial in ihre Umgebung integriert waren. Die aschkenasische liturgische Musik hat der deutsche Rabbiner Jakob ben Moses Mölln (1356–1427) sorgfältig gesammelt und in ein liturgisches Standardwerk aufgenommen. In Polen hatte die Musik eine bedeutende Stellung innerhalb des Synagogenritus; manche Gesänge dauerten sehr lange und wurden dann von Fachleuten wie von Laien begutachtet und kritisiert. Die Kantoren hatten die Freiheit, eigene Stücke zu komponieren, die teilweise ins Repertoire des aschkenasischen Judentums in Osteuropa aufgenommen wurden.

Die aus Spanien vertriebenen Juden brachten ihre eigene Musik mit, und diese iberischen Melodien sind zum Teil bis heute erhalten. Musikalische Ähnlichkeiten in verschiedenen Teilen der sephardischen Diaspora – im Nahen Osten, auf der Balkanhalbinsel, in Nordafrika und Westeuropa – lassen die gemeinsame spanische Herkunft erkennen. In den sephardischen Gemeinden des Osmanischen Reiches beeinflußte die orientalische oder türkische Musik nach und nach die liturgische Musik. Türkische *Maqams* mit ihren eigenen Tonarten existieren in den ostsephardischen Synagogen neben Melodien im Stil spanischer Romanzen. Die spanischen und portugiesischen Juden, die als *Conversos* oder Kryptojuden durchgehalten hatten und später ohne eigene liturgische Tradition den Neuanfang unternahmen, führten spanisch-christliche Musik in den Gottesdienst ein und übernahmen auch Melodien sephardischer Rabbiner aus der Türkei, Marokko und Italien, die sie gebeten hatten, sie beim Wiederaufbau ihres jüdischen Lebens anzuleiten.

Der *Chasan* oder Kantor wurde bis zur Neuzeit nicht von Chören begleitet, aber viele Teile der Gebete wurden von der ganzen Gemeinde gesungen. Zu besonderen Gelegenheiten begleiteten junge Sänger, *Bahurim*, den *Chasan*. In osteuropäischen Synagogen unterbrach dieser Brauch den glatten Ablauf des Gottesdienstes und trug nur wenig zur musikalischen Ästhetik bei. In einigen sephardischen Synagogen im Osmanischen Reich begleiteten Sänger eigens gebildeter Chöre, *Maftirim* oder *Mesamerim*, den Kantor beim Gebet.[21]

ARCHITEKTUR

Die frühesten Quellen, die Synagogen und Gottesdienste erwähnen, enthalten keine Hinweise darauf, daß diesem Zweck eine besondere Art von Gebäude gewidmet oder errichtet werden mußte. Jeder Bau oder Teil eines Gebäudes konnte als Synagoge dienen. Einer antiken Quelle zufolge mußten jedoch damals die Synagoge im höchstgelegenen Teil eines Ortes und ihr Eingang im Osten liegen.[22] Eine andere nennt Jerusalem als Richtung für das jüdische Gebet, aber das scheint für die Lage der Synagogen keine Rolle gespielt zu haben.

Der Mangel an schriftlichen Zeugnissen über die Architektur der Synagogen wird ausgeglichen durch die vielen archäologischen Funde in Israel und dem Mittelmeerraum. Oft lagen die Synagogen – warum, weiß man nicht – außerhalb der Ortschaften. Die vom 3. bis zum 7. Jahrhundert in Israel, vor allem in Galiläa, erbauten Synagogen hatten meistens die gleiche Konstruktion: Der Innenraum war an drei Seiten von Säulenreihen umzogen, die den Raum in drei Schiffe teilten. Der Eingang lag auf der Seite, in die auch die Gebete gerichtet wurden – bei den galiläischen Synagogen war es der Süden, Richtung Jerusalem. Meistens gab es ein Mittelportal mit zwei Türen rechts und links davon. Im Gegensatz zu späteren Entwicklungen fanden sich in diesen frühen Synagogen Mosaiken mit Tier- und Pflanzentopoi sowie menschlichen und geometrischen Motiven. Der Tierkreis war sehr häufig, außerdem bekannte jüdische Symbole wie der Palmzweig, der siebenarmige Leuchter und das Schofar, das Widderhorn. In einigen Synagogen schmückten biblische Szenen die Wände – die Opferung Isaaks, Daniel in der Löwengrube, die Arche Noah. Manche Funde lassen vermuten, daß es im Altertum auch Synagogen ohne Dach gab.

Antike Synagogen in der Diaspora hatten oft die gleichen Charakteristika wie die in Israel. In Sardis in Kleinasien zeigten die Eingangstüren und die Gebetsrichtung auf Jerusalem. In Ostia bei Rom waren Palmzweig, Leuchter und Schofar in den Stein zweier Säulen eingeschnitten. Den Boden der Synagoge im alten nordafrikanischen Naro bei Karthago (heute Hammam-Lif in Tunesien) schmückte ein Mosaik mit Vögeln, Säugetieren, Blumen und Früchten; es war die Stiftung einer gewissen Juliana, wie die Inschrift mitteilt. Die meisten Synagogen der Antike waren rechteckig, beispielsweise die große Synagoge in Alexandria, die der Talmud anschaulich beschreibt.

Mit der Zeit verwandelten sich die geraden Linien der Basilika der frühen Zeit zum gotisch oder maurisch beeinflußten Stil. Sowohl die christliche als auch die islamische Obrigkeit erlegten den Juden jedoch Beschränkungen für Umfang und Höhe eines Bauwerks auf, die das ganze Mittelalter hindurch fast überall galten – mit einigen außergewöhnlichen Ausnahmen. Die sogenannte Tránsito-Synagoge von Schmuel Halewi Abulafia in Toledo, 1357 begonnen, gehörte zu den eindrucksvollsten Bauwerken der Stadt. Auch die andere in Toledo erhaltene Synagoge, die spätere Kirche Santa Maria la Blanca, war sehr groß. Diese Gebäude sind jedoch nicht repräsentativ; mittelalterliche Synagogen waren in ihren Abmessungen bescheiden und in der äußeren Architektur zurückhaltend. Die zwei in Toledo spiegeln die hohe Stellung und die kulturelle und gesellschaftliche Integration der Juden in dieser Region – oder doch derjenigen, die die Synagogen gestiftet haben. Abulafias Synagoge ließ sich kaum mit dem niedrigen Status, den die katholische Kirche den Juden zuwies, vereinbaren.

Diese Toledoer Synagogen sind im *Mudéjar*-Stil erbaut, der den islamischen Einfluß im christlichen Spanien zeigt.[23] Auch in der Synagoge von Córdoba findet sich dieser Stil, ebenso in der Sinagoga Mayor von Segovia, die seit dem 15. Jahrhundert die Corpus-Christi-Kirche ist. Im übrigen paßten sich die Synagogen in Europa wie in der muslimischen Welt dem einheimischen Baustil meist an. Die im 16. und 17. Jahrhundert erbauten Holzsynagogen Osteuropas, vor allem Polens, hatten ihre besondere jüdische Eigenart, aber im übrigen waren viele mittelalterliche Synagogen ursprünglich nicht als solche gebaut, sondern erst später dazu bestimmt worden. Spätmittelalterliche Synagogen verbargen sich oft hinter einer ganz gewöhnlichen Fassade und waren von außen kaum zu erkennen. Erst beim Eintreten wurde einem bewußt, daß man sich in einer Synagoge befand. Dies wird deutlich in einigen italienischen Städten, wie Venedig und Ferrara, in vielen piemontesischen Synagogen und in den alten Synagogen von Izmir in der Türkei.

Im Talmud steht: »Man bete stets in einem Raume, wo Fenster sind.«[24] Diese Bestimmung wurde auf Synagogen angewendet. Dem Sohar zufolge sollte eine Synagoge zwölf Fenster haben. Der *Schulchan Aruch* rät dasselbe. In der Frühzeit, als es noch keinen Toraschrein gab, war der Eingang der wichtigste und eindrucksvollste Teil der Synagoge. Beim Beten standen die Menschen dem Eingang gegenüber, hatten also den Blick auf Jerusalem gerichtet. Als im 4. Jahrhundert der Toraschrein seinen festen Platz bekam, wurde er an die Jerusalem zugewandte Mauer gesetzt; beim Beten standen also die Gläubigen mit dem Gesicht zu den Torarollen. Der Eingang wurde aus diesem Grund an eine der anderen Wände verlegt.

Viele Synagogen hatten einen Hof oder eine Vorhalle vor dem Haupteingang. Man hat das auf verschiedene Weise zu interpretieren versucht; die am weitesten akzeptierte Erklärung lautet, daß der Hof der Bereich sei, in dem die Juden die notwendigen inneren Vorbereitungen treffen können, wenn sie von der Außenwelt in die Welt des Gebets und der Meditation treten. Mit den Mauern rund um den Hof wird außerdem verhindert, daß Gaffer Einblick nehmen. Wie dem auch sei, in vielen Ländern kamen diese Höfe der Forderung der Behörden entgegen, daß der Gottesdienst in der Synagoge Passanten nicht lästig werden dürfe. Der Hof wurde zu einem wichtigen Bestandteil im Leben der Synagoge: Hier spielten Kinder, Erwachsene unterhielten sich, bestimmte Gebete – zu Fasttagen, der Segen zum Neumond – wurden hier gesprochen. Bei gutem Wetter stand der Hof für den Unterricht und das Lernen zur Verfügung. Und schließlich beteten die Armen, denen drinnen kein Sitz zustand, im Hof, wenn die Synagoge voll war.

Oft gab es im Vorhof eine Möglichkeit, sich die Hände zu waschen. In islamischen Ländern übernahmen die Juden die Sitte, sich auch die Füße zu waschen, bevor sie den Synagogenraum betraten; die Hände zu waschen war weithin Brauch: Waschbecken finden wir im Vorraum vieler Synagogen. Dort hingen auch manchmal Sammelbüchsen für die Bedürftigen an der Wand oder waren in sie eingelassen. In vielen italienischen Synagogen sind Waschbecken und Sammelbüchsen bis heute erhalten.

Das Innere der Synagoge machte im Lauf der Zeit allerlei Veränderungen durch, und in den verschiedenen Teilen der Diaspora entwickelten sich unterschiedliche Stile. Mittelalterliche Synagogen konnten romanisch oder gotisch sein, zweischiffig und mit einem gewölbten, von Pfeilern gestützten Dach oder einschiffig. Die meisten waren mit Säulen ausgestattet, die den Raum unterteilten, so daß verschiedene Aktivitäten gleichzeitig möglich waren und Gläubige von anderen ungestört beten konnten.

Die Frauenempore, ein wesentlicher Bestandteil vieler Synagogen heute, war in antiken und mittelalterlichen Synagogen nicht immer vorgesehen. Tatsächlich wissen wir nicht genau, weshalb Männer und Frauen beim Gebet getrennt waren. Im Tempel war die Frauenabteilung, das *Esrat Naschim,* nicht ausschließlich den Frauen vorbehalten; sie durften nur, im Gegensatz zu den Männern, über diesen Bereich nicht hinausgehen. Ursprünglich scheinen Frauen voll am Gottesdienst beteiligt gewesen zu sein. In antiken Synagogen befand sich die Frauenabteilung auf der gleichen Ebene hinter der der Männer. In babylonischen Synagogen gab es früher getrennte Sitzreihen für Frauen und Männer. Die in manchen alten Synagogen gefundenen Emporen könnten zwar den Frauen zugedacht gewesen sein, aber Beweise dafür gibt es nicht.

Im Mittelalter wurde es komplizierter. Maimonides erwähnt in der *Mischne Tora,* in dem Kapitel, das sich mit dem Synagogenbau befaßt, eine Frauenabteilung gar nicht. Ein aschkenasischer Gelehrter aus dem 13. Jahrhundert schreibt dagegen, daß am Sabbat vor der Predigt ein Vorhang zwischen Männer- und Frauenabteilung gezogen wurde. Dann wurden zunehmend Frauenräume an die Männerräume angeschlossen. In vielen mittelalterlichen Synagogen baute man sie später an. Der Ausdruck »Frauensynagoge« – die Sinagoga de las Dones in Barcelona zum Beispiel – kann sich entweder auf den Frauenraum in der Synagoge beziehen oder auf eine Synagoge, die einen solchen Raum enthielt. In der Provence lag der Frauenraum unter dem der Männer, und die Frauen konnten die Torarolle durch ein Loch sehen, wenn sie für die Allgemeinheit emporgehoben wurde. So war es in Carpentras. Die Trennung zwischen Männern und Frauen wurde im Spätmittelalter strenger, und schließlich beteten die Frauen hinter undurchsichtigen Trennwänden aus Glas, Holz oder Stoff, und vielerorts wurden Frauenemporen gebaut. In der Neuzeit sind in einigen Synagogen die Trennwände und Vorhänge von den Frauenabteilungen entfernt worden. Konservative Juden wehrten sich dagegen, und es kam oft zu Auseinandersetzungen in den Gemeinden.[25]

EINRICHTUNG UND GERÄTSCHAFTEN

Stil und Standort der Inneneinrichtung änderten sich nicht weniger als das Äußere der Synagogen und ihre Architektur – eine Spiegelung der Vielzahl von Überlieferungen und lokalen Einflüssen. Die Ähnlichkeiten zwischen den Synagogen verschiedener Länder lassen vermuten, daß in großen Teilen der Diaspora bestimmte Urbilder nachwirkten. Während das Synagogenäußere der Überwachung und Beschränkung unterlag, hatten die Juden im Inneren fast völlige Freiheit in der Ausstattung und Dekoration.

Der Toraschrein wurde zum wichtigsten Teil der Synagoge, er war Gegenstand der Verehrung der Gläubigen. Hier waren die Torarollen untergebracht, die zur öffentlichen Lesung im Gottesdienst »ausgehoben« wurden. In der Antike hieß der Toraschrein *Tewa,* »Kasten«, und war transportabel. Er wurde in einem an den Hauptraum der Synagoge angrenzenden Raum oder sogar in einem anderen Gebäude aufbewahrt (durchaus verständlich zu einer Zeit, wo Synagogen außerhalb der Ortschaften standen) und zum Gottesdienst herbeigeholt.

Später bezeichnete man als *Tewa* das fest angebrachte Gehäuse, in dem nun die Gemeinden die Gesetzesrollen aufhoben. Es hatte seinen Platz fast ausnahmslos an der in Richtung Jerusalem liegenden Wand und wurde zum Bezugspunkt der Innenausstattung einer Synagoge und des Gottesdienstes selbst. Manchmal wurde eine Apsis gebaut, die den Toraschrein aufnahm, der seinerseits immer kunstvoller aus Holz oder Marmor gearbeitet wurde. Einige dieser Schreine sind große Kunstwerke. Vielfach wurde der Toraschrein auch erhöht angebracht, und Stufen führten hinauf. Das Sohar, das größte Buch der jüdischen Mystik, legte sogar die Zahl der Stufen fest.

Deutsche, französische und italienische Juden nannten den Toraschrein *Aron Kodesch* und verhängten seine Tür mit einem Vorhang, dem *Parochet.* Die Sephardim aus Spanien und dem muslimischen Osten nannten den Schrein *Hechal;* auch sie benutzten einen Vorhang, aber innerhalb der Tür. Gewöhnlich beherrschten Löwen die Ornamentik auf dem *Parochet* und dem Schrein selbst. Das Bild von den Gesetzestafeln mit den abgerundeten Oberkanten, das in Synagogen der Neuzeit so häufig auftritt, ist ein relativ junges Symbol und christlicher Herkunft. In manchen Gegenden, etwa in Piemont und in der Provence, war der Toraschrein ein Raum, den man betreten mußte, um die Torarollen von einem Regal zu nehmen. In griechischen Synagogen und in Izmir war der Schrein in drei Fächer aufgeteilt, ein mittleres und zwei kleinere auf den Seiten. Was es mit dieser Dreiteilung auf sich hat, ist nicht klar.

So wie der Toraschrein in der Synagoge für die Bundeslade im Allerheiligsten[26] des Tempels stand, so ersetzte der *Parochet* den Vorhang im Tempel. Und wie der *Parochet* der Antike das Allerheiligste vom Rest des Raumes trennte, hing in talmudischen Zeiten in den Synagogen der *Parochet* in einem gewissen Abstand vor dem Toraschrein. Erst später wurde er an den Türen befestigt, in aschkenasischen Synagogen außen, in sephardischen innen.

Der nächstwichtige Teil der Synagoge ist das Podium, von dem aus die Gebete geleitet und die Tora gelesen werden. *Bima* ist das aschkenasische Wort dafür, *Tewa* das sephardische. Seltsamerweise sprachen die Aschkenasim auch vom *Almemor;* das Wort ist vom arabischen *Al-Manbar* abgeleitet, der Kanzel des Imams in der Moschee. *Tewa* war vermutlich von dem Begriff für den tragbaren Kasten abgeleitet, in dem einst die Torarollen aufgehoben wurden.

Die *Bima* entstand offenbar aus dem Zusammenwachsen von zwei Bestandteilen der Synagoge, die ursprünglich getrennt waren: dem *Duchan,* auf dem der Geistliche, vor dem Toraschrein stehend, den Gottesdienst leitete, und dem Tisch, auf dem die Torarolle zur Lesung ausgebreitet wurde. Dieser entsprach der Plattform im Tempel, von der aus bei verschiedenen Anlässen das Gesetz öffentlich verlesen wurde. Dazu gehörten auch die Lesungen zum Sukkotfest am Ende des Sabbatjahrs. In vielen aschkenasischen Synagogen blieben *Duchan* und *Bima* getrennt, und der amtierende Geistliche benutzte für die verschiedenen Teile des Gottesdienstes den einen oder die andere.

Sowohl in aschkenasischen als auch in sephardischen Synagogen hat die *Bima* einen wichtigen Platz im Gottesdienst. Das zeigt sich schon in der Buchmalerei in den mittelalterlichen *Haggadot* (mit dem Text zum Sederabend des Pessachfestes). Nächst dem Toraschrein ist die *Bima* der am schönsten verzierte Bestandteil der Synagoge. Oft läuft ein Geländer rundherum. Manche Bilder zeigen einen Aufbau mit Säulen und Dach, der bis fast zur Decke reicht.

Maimonides erwähnt die zentrale Stellung der *Bima* als religiöse Verpflichtung, aber in Synagogen in der Provence, Italien, Griechenland und der Türkei findet sie sich häufig nicht im räumlichen Zentrum, sondern an der Wand gegenüber dem Toraschrein. Diese bipolare Anordnung scheint nicht weniger legitim: Der Toraschrein ist nach Jerusalem ausgerichtet, die *Bima* ihm gegenüber. Stufen führen von zwei Seiten statt nur von einer zu ihr hinauf, und sie ist höher angesetzt als die in die Mitte des Raums gebaute. Auch diese Konstruktion muß ihre Wurzeln in der jüdischen Tradition haben, denn sie wurde in weit auseinanderliegenden Gemeinden verwendet. Auf der Balkanhalbinsel und in Kleinasien, wo sephardische Juden die romanischen absorbierten, übernahmen sie zum Teil deren Überlieferungen, so auch die bipolare Anlage. In einigen Fällen gibt es zwei *Bimas,* die jeweils nur zu bestimmten Anlässen benutzt werden.

Die Anordnung der Sitzreihen war von der Position der *Bima* abhängig. In der Antike hatten nur wenige Synagogen feste Sitze. Die Gläubigen saßen auf Matten auf dem Boden. Maimonides sagt bei der Beschreibung der Sitzanordnung in der Synagoge, in der islamischen Welt säßen die Juden auf dem Boden auf Matten, in der christlichen Welt auf Bänken. Er schildert auch, daß die Gläubigen in Richtung Toraschrein blickten, bis auf den Vorbeter, der sein Gesicht der Gemeinde zuwende. In Synagogen mit einer zentralen *Bima* saßen in sephardischen und orientalischen Gemeinden die Gläubigen mit dem Gesicht zur *Bima.* In bipolaren Synagogen standen die Bänke beiderseits der Achse *Bima–Aron,* einander zugewandt, mit einem Gang in der Mitte. Da steht der Kantor an der Wand gegenüber dem Toraschrein und hat wie ein Dirigent die ganze Gemeinde im Blick.

In der berühmten Synagoge von Alexandria saßen die Männer nach Berufen getrennt. Meistens wurden bestimmte Sitzplätze – die in der Nähe des Toraschreins – für besser angesehen; hier, Jerusalem am nächsten, saßen die Angesehensten. Der Platz rechts vom Toraschrein gebührte dem Rabbiner. In spanischen und portugiesischen Synagogen in Westeuropa und ab dem 17. Jahrhundert auch in der Neuen Welt saßen die Mitglieder des *Mamad* oder *Mahmad* – des Gemeindevorstands – in einer »Loge« vor dem Toraschrein.

Häufig bot die Sitzordnung Anlaß zu Kontroversen. Die Plätze wurden den Gemeindemitgliedern bei der Einweihung einer Synagoge zugeteilt oder verkauft. Wie immer aber die Verteilung vorgenommen wurde, der Besitzstand veränderte sich mit der Zeit. Die Plätze wurden durch Kauf oder Erbe zu einem Eigentum, das Reiche besaßen und Arme sich oft nicht leisten konnten. Es kam vor, daß durch Erbschaft ein Mann einen Platz auf der Frauenempore besaß oder umgekehrt eine Frau einen Platz im Raum für die Männer.

In der Antike wurde der Raum mit Öllampen beleuchtet. Im mittelalterlichen Europa war jedoch Wachs billiger, und man benutzte Kerzen. In aschkenasischen Synagogen standen zwei Kerzen zu Seiten des *Duchan,* und vor dem Toraschrein brannte immer eine Öllampe. Dieses Ewige Licht, das *Ner Tamid,* leuchtete zur Erinnerung an das Ewige Licht im Tempel. Licht war teuer, und das Öl wurde gespendet. In einigen Synagogen bildeten sich im Mittelalter Gesellschaften, die die Verantwortung für die Beschaffung von Öl oder Wachs übernahmen.

Die Torarollen waren liebevoll geschmückt. In orientalischen und »romanischen« Synagogen wurden sie in einem reich verzierten Holzkasten aufbewahrt, der nur wenig größer war als die Rollen selbst; in aschkenasischen und italienischen Synagogen wurden sie in den feinsten, wundervoll bestickten Stoff (den Toramantel) gehüllt, den sich die Gemeinde leisten konnte. In sephardischen Synagogen gab es beide Formen. *Rimmonim* (Toraaufsätze) oder *Atarot* (Glöckchen und Kronen), meist aus Silber, hielten die Rollen zusammen; dazu kamen Toraschilder zur Markierung der Rollen.

Schmuck und Ausstattung der Synagoge spiegelten die Mode und den Stil der einheimischen Kultur. Das Innere einer Synagoge, der spirituellen Hochburg der Juden, spiegelte den künstlerischen Geschmack der nichtjüdischen Gesellschaft um sie herum und anderer Einflüsse aus der Außenwelt.[27]

AUTORITÄTEN UND AMTSPERSONEN

Die Leitung der Synagoge ist nicht identisch mit der Leitung der Gemeinde; nur in kleinen Gemeinden mit einer einzigen Synagoge kann die Leitung für beide Institutionen dieselbe sein. In römischer Zeit wurde die Synagoge durch den *Archisynagogus* oder *Rosch Knesset,* den Gemeindevorsteher, verwaltet. Er war geachtet und seine Macht groß; sein Einfluß erstreckte sich auf alle Gebiete, religiöse wie weltliche. Ihm standen eine Reihe von Amtspersonen zur Seite. Er kümmerte sich um Verwaltung und Erhaltung der Synagoge, verteilte Aufgaben und entschied im allgemeinen, wer beim Gottesdienst welche Funktion übernehmen sollte. Nach und nach verlor diese Position jedoch an Bedeutung und wurde zum Ehrenamt, das gelegentlich auch Frauen innehatten.

Im frühen Mittelalter wurde an verschiedenen Orten das Haupt der Synagoge *Parnas* genannt; dieser Titel wird in Synagogen spanischer und portugiesischer Herkunft in Westeuropa und Nordamerika noch heute benutzt. Der *Parnas* sollte ein gebildeter Jude sein, der auf allen die Synagoge angehenden Gebieten die Gemeinde zu führen in der Lage war. Wie er gewählt wurde, war je nach Ort und Zeit verschieden. In einer größeren Gemeinde stand ihm ein Ausschuß von *Jehidim* (Mitgliedern) zur Seite, und er arbeitete auch eng mit dem *Gabbai,* dem »Kassierer«, zusammen. In vielen Synagogen war der *Gabbai* der Vorsteher der Synagoge, was vermuten läßt, daß das Sammeln von Geld eine wichtige Verwaltungsaufgabe war. Diese Führungspersönlichkeiten gehörten zu der wohlhabenden Elite der Gemeinde; daran hat sich bis heute wenig geändert.

In römischen und talmudischen Zeiten war für die Leitung des Gottesdienstes niemand amtlich bestellt. Der Vorsteher der Synagoge forderte Mitglieder, die sich in den Vorschriften auskannten und brauchbare Stimmen hatten, auf, die jeweiligen Aufgaben zu übernehmen. Der Ausgewählte mußte ein geachteter Mann sein, denn er handelte als Vertreter der Gemeinde. Als Bücher noch handgeschrieben und damit selten und teuer waren, war es notwendig, daß der Vorleser die Gebete laut vortrug, zum Wohle derjenigen, die sich beim stillen Gebet vielleicht geirrt hatten.

Als die Kenntnis des Hebräischen in den Gemeinden abnahm, wurde die Toralesung zu einer Aufgabe für Fachleute. Der erste, der für seine Arbeit bezahlt wurde, war in talmudischer Zeit im Nahen Osten der *Turgeman,* der Übersetzer. Um sicherzustellen, daß die Gemeinde den Toratext auch verstand, sprach der *Turgeman* den auf Hebräisch gelesenen Abschnitt gleichzeitig in aramäischer Übersetzung. Da bald nur noch wenige den

Toratext überhaupt lesen und nach der Vorschrift singen konnten, wurde auch für die Lesung selbst ein Fachmann benötigt, der *Kore* (Leser).

Dem *Rosch Knesset* der römischen Zeit stand der *Chasan* zur Seite, den die Gemeinde gewöhnlich hoch achtete, auch wenn er ein Angestellter war. Der *Chasan* unterstand direkt dem Vorsteher der Synagoge. Seine Aufgaben entsprachen zunächst etwa denen des *Schammes* oder Synagogendieners nachtalmudischer Zeit. Er war verantwortlich für den ordentlichen und reibungslosen Ablauf des Gottesdienstes; er forderte die jeweils vom Vorsteher ausgewählten Männer auf, eine Aufgabe zu übernehmen, verlas die Bekanntmachungen und war für einige Gemeinden der *Sofer* oder Schreiber. Ab dem 6. Jahrhundert hieß er dann *Schammes*, aber zu der Zeit hatte der Posten sein Ansehen größtenteils verloren: Der *Schammes* spielte zwar noch eine Rolle, flößte aber nicht mehr den vorherigen Respekt ein.[28]

In nachtalmudischer Zeit übernahm der bisher *Scheliach Zibbur* (Gemeindebeauftragter) genannte Vorbeter den Titel *Chasan*. Wann dieses Amt zu einem ständigen bezahlten Amt geworden ist, ist schwer zu sagen; frühe Hinweise sind nicht sehr zuverlässig. Es war sicher inzwischen notwendig geworden. Der Vorbeter mußte Hebräisch können, geschickt den Wochenabschnitt aus dem Pentateuch lesen, musikalisch sein und eine schöne Stimme haben. Er mußte die Feiertagsgebete beherrschen, die immer kunstvoller und länger wurden, auch die Passagen, mit denen die Gemeinde nicht vertraut war. Alle diese Funktionen konstituierten ein Amt, das im Mittelpunkt des Synagogendienstes stand. In einigen Gegenden sprach ein Vorleser die Gebete, und der *Chasan* sang die Musikpassagen und die *Pijutim*. Die beiden Funktionen verschmolzen schließlich überall.

Im Mittelalter, als die meisten Synagogen einen Fachmann für die Durchführung des Gottesdienstes benötigten, wurde der *Chasan* wichtig. In einigen Synagogen brauchten die Frauen eine eigene Vorbeterin zur Anleitung bei ihren Gebeten. Je wichtiger der Vorleser in vielen Teilen der jüdischen Welt wurde, desto größer wurde das Gewicht der musikalischen Überlieferung. Tatsächlich verloren die Gebete ihren Rang teilweise an die Gesangsdarbietungen (dennoch konnte der *Chasan* auf seine stimmlichen Fähigkeiten nicht verzichten). Viele Rabbiner tadelten diese Entwicklung. Die musikalischen Talente des *Chasan* schienen ihnen nur wichtig, wenn er sie nutzte, den Gläubigen göttliche Inspiration und religiöse Begeisterung in die Herzen zu senken. Der zu Beginn des 14. Jahrhunderts aus Deutschland nach Spanien ausgewanderte Rabbi Ascher ben Jechiel kritisierte die spanischen Juden heftig, weil er fand, daß sie bei der Wahl eines *Chasan* nur Wert auf seine Stimme legten und sich um seine religiöse und sittliche Einstellung wenig scherten. Heftigen Widerstand gab es auch gegen Vorsänger, die nichtjüdische Melodien einführten.

Als der Druck mit beweglichen Lettern erfunden war, wurden auch bald Gebetbücher gedruckt; die Fähigkeit zu lesen wuchs, und die Öffentlichkeit war nicht mehr so vom Vorleser abhängig wie zuvor. Vor allem in aschkenasischen Gemeinden nahm die Bedeutung des *Chasan* beim Übergang vom Mittelalter zur Neuzeit ab.

Ebenfalls fest angestellt war der *Darschan* oder Prediger. Es gibt Hinweise, daß ein großer Teil der Midraschtexte ursprünglich durch Predigten überliefert wurde. Gelehrte Diskurse in der Synagoge bedeuten nicht unbedingt, daß festbesoldete Prediger tätig waren; von einigen der Großen ist bekannt, daß sie eindrucksvolle Predigten hielten, und in talmudischer Zeit (200–500) trugen viele den Titel *Darschan* an den Namen angefügt. Im Mittelalter änderten sich Charakter und Ablauf der Predigt. Der Gottesdienst am Sonnabendmorgen war weniger gut besucht, der am Nachmittag wurde wichtig. Seit dem 16. Jahrhundert schlugen sephardische und aschkenasische Prediger ganz verschiedene Wege ein. Die sephardischen Prediger trugen sehr zur schnellen Erholung der Gemeinden nach der Vertreibung aus Spanien bei. Osteuropa dagegen wurde die Heimat der sogenannten *Maggidim*, der Wanderprediger, die auf Jiddisch predigten, was sie sehr populär machte. In der Neuzeit hat sich die Predigt radikal geändert.

Daß ein Rabbiner im Zentrum des Synagogenlebens steht, ist eine späte Entwicklung. Die Gebildeten der Vergangenheit waren unabhängige Männer, keine bezahlten Funktionäre der Gemeinde. Zu den sozialen und ökonomischen Gründen für die Professionalisierung des Rabbinats und die Einsetzung so vieler rabbinischer Gelehrten als Gemeindefunktionäre gehörten die Vertreibungen und die Verunsicherungen, die zur Emigration führten und viele gebildete Männer ohne Einkommen ließen. Vom 10. bis zum 14. Jahrhundert waren Rabbiner oft Gelehrte, die ihre Heimat hatten verlassen müssen; zum Beispiel die Rabbiner aus Frankreich und Deutschland, die im 13. und 14. Jahrhundert nach Verfolgung und Vertreibung im eigenen Land von spanischen Gemeinden angestellt wurden. Die Professionalisierung des Rabbinats lief nicht reibungslos ab. Viele der Gebildeten wehrten sich dagegen, unter ihnen Maimonides.

Im Mittelalter beteten die Gelehrten und ihre Schüler in der *Bet Midrasch*, dem talmudischen Lehrhaus. In der Neuzeit, vor allem seit dem letzten Jahrhundert, wurde der Rabbiner der wichtigste Synagogenangestellte und übernahm mehrere Aufgaben, darunter die eines regelmäßigen Predigers. Neben seinen Aufgaben als Lehrer, Ratgeber und manchmal *Dajan* oder Richter beteiligte er sich am Gottesdienst und sprach besondere Gebete. Heute ernennen die meisten Synagogen ihre eigenen Rabbiner. In den europäischen Reformgemeinden des 19. Jahrhunderts kümmerte sich der Rabbiner um den Gottesdienst, und der Posten eines Kantors wurde in vielen Synagogen abgeschafft. In den Vereinigten Staaten setzte sich dieser Trend fort.[29]

ORT DES LEHRENS UND LERNENS

Seit unvordenklichen Zeiten war die Synagoge für alle das Zentrum jüdischen Lernens. Die Lesung aus der Tora und den Propheten am Sabbat und an Fest- und Feiertagen sollte bilden. Ob Jahres- oder Dreijahreszyklus – die Toralesung war eine erfolgreiche Unterrichtsmethode. Deshalb wurden, als die Kenntnis des Hebräischen abnahm, die Toratexte ins Aramäische übersetzt und parallel gelesen. Einige Teile des Gottesdienstes sind ganz dem Studium der Schrift und des Talmud und der Midrasch gewidmet. Im Altertum gehörten die Predigt und die homiletische Auslegung der Schrift zum Lehr- und Bildungsprogramm. In vielen Synagogen trafen sich regelmäßig Studiengruppen unter der Leitung eines Gelehrten. Kleine Synagogen waren oft eher Orte des Lernens, *Bete Midrasch*, als Orte des Gebets.

Das Unterrichtsprogramm der Synagogen sollte unter anderen Gesichtspunkten betrachtet werden als etwa der Elementarunterricht der Kinder oder die spezialisierten Talmudstudien in den *Jeschiwot* und *Midraschim*, die von großen Gelehrten geleitet wurden. Der Synagogenbau allerdings diente allen Systemen, und die Atmosphäre von Gelehrsamkeit nahm in seiner Umgebung zu.

GESELLSCHAFTLICHES UND POLITISCHES LEBEN IN DER SYNAGOGE

Die Synagoge hat immer im Mittelpunkt des jüdischen politischen und gesellschaftlichen Lebens gestanden; sie war den Juden Heim und Burg zugleich. Beschlüsse der Gemeindevorsteher und andere wichtige Mitteilungen wurden von der *Bima* verlesen. Verfügungen der Gemeinde oder des Staates mußten gewöhnlich in der Synagoge verkündet werden, bevor sie rechtskräftig wurden. Einige *Takkanot* oder Verordnungen verlangten, daß bestimmte Transaktionen, wie etwa der Verkauf von Grundbesitz, mehrmals in der Synagoge bekanntgemacht wurden, bevor sie vollzogen werden konnten. Auch als politisches Zentrum diente die Synagoge: Wahlen fanden etwa im Anbau statt, das Ergebnis wurde im Synagogenraum vom *Chasan* verkündet. All diese politischen, administrativen und wirtschaftlichen Funktionen erfüllte die Synagoge, solange die Juden relativ autonom waren. Mit der Emanzipation war die Synagoge nur noch Zentrum der Religion und des Lernens.

In aschkenasischen Synagogen Westeuropas entwickelte sich im 12. und 13. Jahrhundert die Sitte der »Unterbrechung des Gebets« als einer Möglichkeit, Druck auf jemanden auszuüben, der sich einem Spruch des *Bet Din*, des jüdischen Gerichtshofs, nicht unterwerfen wollte. Ein Mann, der sich von einem anderen Juden geschädigt fühlte und auf andere Weise nichts erreichen konnte, hatte das Recht, das Gebet zu unterbrechen. Dann wurde der Gottesdienst ausgesetzt, bis sich der Missetäter bereit erklärte, dem Kläger Genugtuung zu leisten. Das nahm jedoch so überhand, daß es zuweilen zu ernsthaften Störungen kam. Schließlich mußten Verordnungen erlassen werden, um die Anarchie zu beenden, etwa die Vorschrift, Klagen nur an Wochentagen vorzubringen und nur in der Synagoge des Beklagten, aber nicht in der Hauptsynagoge der Stadt.

Die Heiligkeit des Ortes hielt die Menschen nicht davon ab, in der Synagoge zu streiten und zu fluchen, und manchmal führten Auseinandersetzungen und Verwünschungen sogar zu Handgreiflichkeiten. Wer sich zu Hause und auf der Straße ungebührlich benahm, änderte auch in der Synagoge sein Verhalten nicht. Aus dem mittelalterlichen Spanien etwa sind Gewalttätigkeiten während des Gottesdienstes und Beschädigungen des Mobiliars bekannt. Solche Berichte sollten aber das Bild von dem normalerweise das ganze Jahr über ruhigen und ungestörten Gottesdienst nicht entstellen.

Das Leben in den Synagogen wurde vielfach von den Reichen bestimmt. Die Armen nahmen weniger häufig an den Gottesdiensten teil; oft standen ihnen keine Sitzplätze zu, und sie fühlten sich beim Gebet nicht wohl. Manchmal gründeten Handwerkergilden ihre eigene Synagoge. Die *Bikkur Cholim* (eine Vereinigung zur Pflege der Kranken) in Saragossa hatten zu Beginn des 15. Jahrhunderts eine eigene Synagoge. Auch für die Bruderschaft der Gerber gab es dort eine, und die Sinagoga Menor war mit der *Rodfe Zedek* verbunden, einem Wohltätigkeitsverein. Die Silberschmiede von Saragossa hatten ebenfalls eine eigene Synagoge. Die Mitglieder dieser Gilden müssen sich in ihren eigenen Synagogen, unbehelligt von der Kontrolle der Reichen, behaglicher gefühlt haben. Auch in Osteuropa gab es solche Synagogen.[30]

TRADITION UND MODERNITÄT

Die Synagogen haben sich vom Mittelalter zur Neuzeit nicht weniger verändert als die Menschen. Kein Aspekt des Synagogenlebens, kein Teil des Synagogenbaus blieb davon unberührt. Der Erneuerungsprozeß war mit der Emanzipation der Juden in Westeuropa eng verknüpft: Innerhalb der jüdischen Gesellschaft stimmte man weithin darin überein, daß die Juden sich ändern und sich ähnlich wie ihre nichtjüdischen Landsleute verhalten müßten. Der neue Geist ging an der Synagoge nicht vorbei.

Die ersten Veränderungen zeigten sich bei Anstandsnormen und Disziplin. Die Protagonisten der Moderne übten Kritik an der Art, wie sich die Juden in der Synagoge verhielten, am Mangel an würdigen Formen und Ästhetik im Gottesdienst. Israel Jacobson in Kassel war einer der ersten, die sich für Änderungen im Gottesdienst in der Synagoge einsetzten, den er dem in der protestantischen Kirche so ähnlich wie möglich zu machen versuchte. Er führte die Predigt in deutscher Sprache ein, verzichtete auf einige Gebete, begann mit der »Konfirmation« auch für Mädchen und gründete einen Chor, der Lieder in deutscher Sprache sang. Sein Freund David Friedländer verfolgte in Berlin einen ähnlichen Kurs; er schlug vor, die »tote« Sprache Hebräisch fallenzulassen zugunsten des Deutschen und alle Verweise auf Jerusalem und Zion auszumerzen. Friedländer gab den *Mussaf* auf, das zusätzliche Gebet am Sabbat und an Feiertagen, und die Wiederholung der *Amida*. Er übernahm außerdem die sephardische Aussprache des Hebräischen, wahrscheinlich, um von der Vergangenheit Abstand zu gewinnen.

1817 führten die durch diese Innovationen hervorgerufenen Konflikte zum Eingreifen der preußischen Regierung, die

Änderungen an der überlieferten Form des Gottesdienstes untersagte. Friedländer hatte vorgeschlagen, ihm und einigen anderen Juden einen »modifizierten Übertritt« zum Protestantismus zu gewähren; das wurde abgelehnt. Aber anderswo wurden Änderungen am Gottesdienst unterstützt. In Frankreich berief Napoleon 1806 eine »Notabelnversammlung« ein, die Reformen in der Synagoge forderte. Im folgenden Jahr trat in Paris der Große Sanhedrin zusammen und schloß sich dem an. Das *Consistoire,* die jüdische Provinzialvertretung im napoleonischen Frankreich, wies die Rabbiner an, sonnabends Predigten in der Landessprache zu halten. Jacobson in Kassel nutzte diese Anweisungen nach Kräften. Einige der von ihm eingeführten Veränderungen betrafen Äußerliches, andere waren radikaler und riefen Widerstand hervor. Als er zum Beispiel in den Synagogen Westfalens hebräische und deutsche Kirchenlieder in den Gottesdienst einführte, fanden viele Juden, er versuchte allzusehr dem protestantischen Vorbild nachzueifern, und protestierten heftig. Aber nach und nach akzeptierten sie seine Innovationen – Chor, würdige Formen und Stille – doch als notwendige Bestandteile des Gottesdienstes.

Die bedeutendsten Änderungen gab es in Aufbau und Inhalt der Gebete, und der wichtigste Reformer dabei war Wolf Heidenheim aus Berlin. Seit 1800 veröffentlichte Heidenheim neue Ausgaben des Gebetbuchs mit Übersetzung. Kabbalistische Zusätze ließ er als überflüssig und schädlich weg. In Amsterdam hatten 1795 emanzipatorisch Gesinnte eine eigene Gemeinde, Adat Jeschurun, gegründet; sie bestanden darauf, alle die Teile der Gebete zu eliminieren, die den Prinzipien der Emanzipation widersprachen.

1817 gründeten Hamburger Juden eine Gesellschaft zur Reformierung des Judentums, den »Neuen Israelitischen Tempel«. Diese Bezeichnung hatte ideologische Bedeutung: Die Synagoge wurde zum Tempel ihrer Gemeinde erklärt, und das besagte, daß sie nicht mehr mit der Wiedererrichtung des Tempels in Jerusalem rechneten, für sie beteten oder sie wünschten. In ihrem Gebetbuch waren denn auch alle messianischen Passagen und Hinweise auf Jerusalem, den Tempel und Opferhandlungen ausgelassen. Diese Gruppe feierte Gottesdienste nur an Sonnabenden und Feiertagen. Weitere Innovationen waren ein Chor, die Verwendung einer Orgel und Predigten in deutscher Sprache. Sie führten auch einen Dreijahreszyklus für die Toralesung statt des Jahreszyklus, der überall auf der Welt üblich war, wieder ein. Nach dem Vorbild des sephardischen Gebetbuchs lasen sie viele Gebete in einer neuen, erheblich kürzeren Form. Sorgfältig strichen sie alle jüdisch-»nationalen« Anspielungen. Theoretisch unternahmen sie alle diese Veränderungen in Inhalt und Form der Gebete mit Rücksicht auf die nichtjüdische öffentliche Meinung.

Der Widerstand der Traditionalisten gegen diese Änderungen war heftig und kompromißlos. In ganz Deutschland, Österreich-Ungarn und Italien äußerten Rabbiner Kritik und verhinderten Veränderungen in ihren Gebetbüchern und den Gebrauch von Musikinstrumenten in ihren Synagogen. Der Hamburger Tempel versäumte es, diese Revolution, von der viele gehofft hatten, daß sie Erfolg haben würde, entschieden zu betreiben. Immerhin wurden unter seinem Einfluß oder seiner Inspiration auch in Leipzig, Prag und Wien Reformtempel gegründet.

Als 1841 der Hamburger Tempel sein neues Gebetbuch veröffentlichte, wurde der Konflikt innerhalb des deutschen Judentums neu entfacht. Die Reformbewegung wandte sich jetzt an Gelehrte vom Format eines Leopold Zunz oder Abraham Geiger, die zeigten, daß sich Änderungen in den Synagogen und in der Gottesdienstordnung zu allen Zeiten ergeben hätten. Die Reformkonferenzen von 1844, 1845 und 1846 zeigten höchst unterschiedliche Auffassungen. Es wurde über Sprache und Inhalt der Gebete debattiert, aber keine Entscheidung fand einmütige Unterstützung. In der zweiten Hälfte des Jahrhunderts erlebte das Gebetbuch der Reformgemeinde in Berlin eine Reihe von Überarbeitungen, aber die meisten Juden schlossen sich diesem Beispiel nicht an; sie betrachteten es als ernsthaften Bruch mit der Tradition. Auch über den Einsatz von Orgeln im Gottesdienst wurde viel diskutiert.

Das seriöseste der Reformgebetbücher, 1854 von Abraham Geiger veröffentlicht, wurde schließlich doch von vielen Gemeinden benutzt. Die Gebete waren zwar ein bißchen gekürzt worden – die nationalen Bestrebungen und der Wunsch nach der Wiederherstellung von Opferungen waren ausgelassen –, aber doch hebräisch geblieben. Ein deutscher Begleittext lieferte nur freie Übersetzungen. In den Jahren danach boten Reformer immer neue Gebetbücher an.

In vielen europäischen Synagogen, vor allem in Italien und Frankreich, wurden ein Chor und manchmal eine Orgel eingeführt, und in den ganz liberalen wurde in der Landessprache gepredigt. Die Entwicklung der Reformbewegung in England und den Vereinigten Staaten hatte dann Konsequenzen für die Juden allgemein. In England unternahmen die spanischen und portugiesischen Synagogen die ersten Reformen. Sie hatten in ganz Westeuropa bereits eigene Regeln und Bräuche eingeführt wegen der *Converso*-Vergangenheit ihrer Gründer. Die waren ja gezwungen gewesen, wie Christen zu leben, bevor sie zum Judentum hatten zurückkehren können. 1840 taten sich sephardische und aschkenasische Juden, die sich in der traditionellen Synagoge nicht mehr wohl fühlten, zusammen und gründeten eine Reformsynagoge. In ihrem Gebetbuch ließen sie alles weg, was sich auf den Opferkult bezog, aber die messianischen Passagen blieben erhalten. Der konservative Charakter der englischen Reformbewegung provozierte die Entstehung radikaler, liberaler und progressiver Synagogen.

In den USA bildeten die Juden im 19. Jahrhundert eine kleine, locker organisierte Gemeinde. Predigten auf Englisch und eine englische Übersetzung der überlieferten Gebete hielten eine Gruppe von Juden in South Carolina nicht davon ab, weitere Veränderungen und den durchgängigen Gebrauch der englischen Sprache im Gottesdienst zu fordern. Als ihre Vorstellungen von den etablierten Gemeinden abgelehnt wurden, gründeten Juden in Charleston die Reformed Society of Israelites.

Zu ihrem radikalen Programm gehörten die Kürzung der Gebete, von denen wesentliche Teile englisch waren, und die Verwendung von Musikinstrumenten im Gottesdienst. Der protestantische Einfluß bei diesen Innovationen zeigt sich deutlich. Das Programm von Charleston setzte sich nicht durch, ließ aber doch einen Trend für die Zukunft sichtbar werden.

Jüdische Einwanderer aus Deutschland gründeten nach 1840 Reformsynagogen, die sich nach dem Hamburger Gebetbuch richteten. Zu den Innovationen in der amerikanischen Reformbewegung gehörte die Übernahme der protestantischen Sitte, Familien zusammensitzen zu lassen. In den USA entwickelte sich das Reformjudentum am weitesten. Die Union of American Congregations umfaßt Gemeinden mit sehr unterschiedlichen Prinzipien, aber sie alle haben einen gemischten Chor, setzen Musikinstrumente ein und haben keine Frauenempore mehr. Das *Union Prayer Book for Jewish Worship,* 1894 veröffentlicht, ist zur Basis der reformierten Gottesdienstordnung in Amerika geworden.[31]

Seit den dreißiger Jahren des 20. Jahrhunderts und verstärkt nach dem Holocaust und der Gründung des Staates Israel sorgte die Reformbewegung für weitere Veränderungen bei einzelnen Gebeten. In den Predigten wurde weniger die Universalität bestimmter Merkmale des Judentums betont als vielmehr die Besonderheit des jüdischen Volkes. Zu Beginn des 20. Jahrhunderts hatte sich ein Konservativismus gezeigt, der zur Gründung eigener Gemeinden und Synagogen geführt hatte.[32] Konservative Juden erhalten sich ihr hebräisches Gebetbuch, nur einige Gebete auf Englisch sind aufgenommen. Gewisse Abschnitte zu Opferhandlungen sind weggelassen. Die meisten Synagogen haben eine Orgel, und Männer und Frauen sitzen beieinander. In England hat sich in neuerer Zeit unter der Führung von Rabbi Louis Jacobs eine linke Gruppe abgespalten und die Mesorati-Synagogen errichtet; ihre Auffassungen ähneln denen der amerikanischen konservativen Synagogen.

Andere Neuerungen reichten von der besonderen Kleidung, die in vielen Synagogen Rabbiner und Kantoren trugen, um sich vom Rest der Gemeinde zu unterscheiden, bis zum Synagogenbau. Wo Männer und Frauen zusammensaßen, verschwand natürlich die Frauenempore. Orthodoxe Synagogen haben sich oft eine Frauenempore erhalten, manche gingen aber zu einer zeitgemäßeren Form über, in der ein Teil des Hauptraums den Frauen vorbehalten und nur durch einen Vorhang abgetrennt ist. Die *Bima* ist jetzt oft aus der Mitte des Raums in den vorderen Teil gerückt, in die Nähe des Toraschreins. Selbst orthodoxe Synagogen haben diese Innovation schon übernommen, zum Beispiel in Istanbul. Die Sitzreihen sind entweder parallel nach vorn gerichtet oder in einem Halbkreis angeordnet, je nach der Form des Raumes. Von christlichen Kirchen wurde die Kanzel übernommen. Zur napoleonischen Zeit in Gebieten unter französischer Herrschaft gebaute Synagogen hatten oft eine Kanzel an der linken Wand; sie war meist aus Holz, und Stufen führten zu ihr hinauf. In anderen Synagogen war die Kanzel entweder auf der *Bima* oder links vom Toraschrein.

Die auffälligste architektonische Veränderung der Neuzeit zeigt das Synagogenäußere. Mit der formellen Emanzipation in vielen europäischen Ländern und der Gleichberechtigung in der Neuen Welt fanden es die Juden nicht mehr so dringend, in unauffälligen Gebäuden zu beten, und begannen große und repräsentative Synagogen zu bauen. Daß sich das äußere Erscheinungsbild der Synagogen von dem der christlichen Kirchen unterschied, wurde nun wichtig. So wurden die mächtigen Synagogen in Florenz und Rom in einer Mixtur aus maurischem, assyrischem und byzantinischem Stil errichtet.

Der Optimismus der Juden in der Zeit der Emanzipation und der Wunsch, Synagogen architektonisch mit Kirchen auf die gleiche Stufe zu stellen, führte manchmal dazu, daß Projekte in Angriff genommen wurden, die weit über die Mittel und Bedürfnisse der Gemeinden hinausgingen. Beispiele findet man in vielen europäischen Ländern. In Piemont wurden riesige Synagogen mit gigantischen Fassaden gebaut, obwohl die jüdische Bevölkerung im Abnehmen begriffen war und klar sein mußte, daß die Gebäude halb leer bleiben würden, so die Synagoge von Vercelli, die heute am Zerfallen ist. Ein ungewöhnlicher Bau in der Stadt Turin war 1863 ursprünglich als Synagoge geplant: die Mole Antonelliana (nach dem Architekten Alessandro Antonelli benannt). Sie zeigt den Ehrgeiz und den übertriebenen Optimismus die Juden jener Zeit.

EPILOG

Bis zum heutigen Tag ist die Synagoge die für die jüdische Identität wichtigste Institution. Außerhalb Israels sorgt sie für den wahrscheinlich einzigen täglichen Rahmen, innerhalb dessen diese Identität bewahrt werden kann. Als Gotteshaus, gesellschaftliches Zentrum und Schule ist die Synagoge der Ort, an dem sich die Juden, so entfremdet sie ihrer Tradition auch im Einzelfall sein mögen, mit dem jüdischen Volk, dem jüdischen Schicksal und der jüdischen Geschichte identifizieren können. Auch wenn sie nur zwei- oder dreimal im Jahr an einem Gottesdienst teilnehmen, haben sie doch das Bedürfnis, sich ihres jüdischen Bewußtseins zu versichern.

Unter aschkenasischen Juden in Israel hat sich die Spaltung zwischen religiösen und nichtreligiösen vertieft: Freidenkerische Juden haben nicht mehr das Bedürfnis, in die Synagoge zu gehen, nur um sich als Juden zu fühlen. Unter sephardischen Juden ist die Polarisierung weniger weit fortgeschritten, und viele sephardische und orientalische Juden, die nach strengem Maßstab nicht als religiös betrachtet werden, kommen noch in die Synagoge und nehmen am religiösen Leben der Gemeinde teil. Ob innerhalb oder außerhalb Israels, die Synagoge ist die kulturelle Institution, in der das Judentum als dynamische, blühende und sich ständig weiterentwickelnde Kultur und Religion lebendig ist.

ANMERKUNGEN

[1] *Der Babylonische Talmud,* neu übertragen durch Lazarus Goldschmidt, Berlin 1930, Bd. 6, Gittin 56a–b

[2] Siehe hebräischen Text von Jer. 39:8 und Ps. 74:8

[3] Jesaja 56:7, in: *Die heilige Schrift.* Der Urtext. Die deutsche Übersetzung mit Zugrundelegung des Philippson'schen Bibelwerkes revidiert von Philippson, Landau und Kaempf, Frankfurt/M. 1913

[4] Hesekiel 11:16

[5] *Der Babylonische Talmud,* Bd. 4, Megilla 29a

[6] *Mischna,* Deutsch v. Johannes Meinhold, Gießen 1913, II. Seder, 5. Traktat, Joma, Kap. 7, Abs. 1

[7] *Mischna,* I. Seder Zeraim, 1. Traktat, Berakot, Kap. 1–5

[8] Zur Entwicklung der jüdischen Liturgie zwischen dem 1. und dem 8. Jahrhundert siehe A. Z. Idelsohn: *Jewish Liturgy and Its Development,* New York 1931, S. 26–33.

[9] Dieses Wort, vom Namen »Rom« abgeleitet, bezieht sich auf das Oströmische Reich, auf Byzanz. Man spricht auch vom »rumelischen« oder »romaniotischen« oder »griechischen« Ritus.

[10] Die Judenverfolgungen während des Zweiten Weltkriegs waren eine Katastrophe auch für alle griechischen Gemeinden, eingeschlossen die vier romaniotischen Gemeinden von Patras, Arta, Ioannina und Chalkis. In den beiden letzteren hat sich eine winzige Gemeinde bis in unsere Tage erhalten. In Jerusalem haben Juden aus Ioannina eine Synagoge errichtet, die zum Teil den romaniotischen Ritus befolgt.

[11] Siehe C. Roth: »The Liturgies of Avignon and the Comtat Venaissin«, in: *Journal of Jewish Bibliography* I (1939); M. Calmann: *The Carrière of Carpentras,* Oxford 1984, S. 152–157

[12] Ein allgemeiner Überblick über die Liturgien und den Einfluß der Kabbala auf das Gebetbuch findet sich bei Idelsohn (Anm. 8), S. 47–70

[13] Deut. 6 und 11, Num. 15, *Pentateuch,* mit der Übersetzung von J. Wohlgemuth und J. Bleichrode, Basel 1989

[14] Siehe L. Finkelstein: »The Development of the Amidah«, in: *Jewish Quarterly Review* XVI (1925–26): 1f.; K. Kohler: »The Origin and the Composition of the Eighteen Benedictions«, in: *Hebrew Union College Annual* 1 (1924), S. 387f.; M. Liber: »Structure and History of the Tefilah«, in: *Jewish Quarterly Review* XL (1949–50), S. 331f.

[15] Zur Lesung aus dem Pentateuch siehe J. Mann: *The Bible as Read and Preached in the Old Synagogue,* Bd.1, Cincinnati 1940, Bd. 2, hrsg. v. I. Sonne, Cincinnati 1966. Zum Dreijahreszyklus siehe J. Heinemann: »The Triennial Lectionary Cycle«, in: *Journal of Jewish Studies* XIX (1968), S. 41f.

[16] D. de Sola Pool: *The Kaddish,* 2. Aufl., New York 1964

[17] *Der Babylonische Talmud,* Bd. 1, Berachot 6a

[18] *Mischna,* I. Seder Zeraim, 1. Traktat, Berakot, Kap. V, Absatz 1

[19] Psalm 16:8

[20] Zu Formen und Verhalten in der Synagoge siehe I. Abrahams: *Jewish Life in the Middle Ages,* New York 1969, S. 15–25

[21] Idelsohn: *Jewish Music in Its Historical Development,* New York 1929.

[22] *Tosefta,* Megilla, Kap. 4, Abs. 22-23

[23] Siehe E. W. Goldman: »Samuel Halevi Abulafia's Synagogue (El Tránsito) in Toledo«, in: *Jewish Art* XVIII (1992), S. 59–69

[24] Der *Babylonische Talmud,* Bd. 1, Berakhot 31a, S. 190

[25] R. Wischnitzer: *The Architecture of the European Synagogue,* Philadelphia 1964

[26] Das Allerheiligste (»Stiftshütte«, »Zelt der Begegnung«) war das heilige Zelt Israels zur Zeit der Wüstenwanderung, das zentrale Heiligtum von der Zeit Moses' bis zum Bau des Ersten Tempels durch Salomon.

[27] Zur Architektur und Innenausstattung spanischer Synagogen vgl. Y. Assis: »Synagogues in Medieval Spain«, in: *Jewish Art* XVIII (1992), S. 14–23; B. Narkiss: »The Heikhal, Bimah and the Teivah in Sephardi Synagogues«, in: *Jewish Art* XVIII (1992), S. 31–47

[28] Zum *Schammes* siehe Abrahams (Anm. 20), S. 55ff.

[29] I. Levy: *The Synagogue, Its History and Function,* London 1963, S. 76–116

[30] Zu den Synagogen der spanischen Gilden siehe Assis, S. 13–14

[31] Zur Gottesdienstordnung des Reform-Judaismus siehe Idelsohn: *Jewish Liturgy and Its Development,* S. 268–300; J. J. Petuchowski: *Prayerbook Reform in Europe,* New York 1958

[32] M. Waxman (Hrsg.): *Tradition and Change – The Development of Conservative Judaism,* New York 1958

DANKSAGUNG

Max Richardson möchte ich meine höchste Anerkennung für die Kreativität und Professionalität aussprechen, mit denen er die Synagogen unter schwierigen Bedingungen ausgeleuchtet hat. Seine Hilfe und seine Persönlichkeit waren für mich von unschätzbarem Wert.

Meiner Frau Anna hätte ich dieses Buch gewidmet, aber eigentlich ist sie meine Koautorin. In der Karibik war sie meine Assistentin; sie hat mich von Anfang an unterstützt und in meiner Abwesenheit die Familie versorgt und bei Laune gehalten. Sie war meine wichtigste Kritikerin und Beraterin.

Rat und Hilfe des Center for Jewish Art der Hebrew University of Jerusalem haben mir das Projekt ermöglicht. Die Seminare über jüdische Kunst von Professor Bezalel Narkiss und seinen Mitarbeitern haben meine Begeisterung geweckt und mir die notwendigen Grundkenntnisse vermittelt. Professor Narkiss hat mir auch Hinweise für die Auswahl der Synagogen gegeben; die Verantwortung für die letzte Entscheidung lag allerdings bei den Redakteuren und mir. Ariella Amar verschaffte mir wertvolle Informationen und Kontakte für die Arbeit in Usbekistan, Polen und Marokko. Ruti Jacobis herzhafte Ermunterung und Bereitschaft zu Informationen waren sehr willkommen. Auch viele andere, die ich nicht alle nennen kann, waren hilfreich. Ohne Susan Fraimans erste Forschungen und Suzy Sawickis Hilfe hätte das Projekt nicht erfolgreich zum Abschluß gebracht werden können. An dieser Stelle möchte ich darauf hinweisen, daß ich bei diesem Buch weder wissenschaftliche noch streng dokumentarische Absichten verfolgt habe. Ich hoffe, daß meine Freunde am Center for Jewish Art mir meine Unzulänglichkeiten auf diesen Gebieten nachsehen und sich an der Schönheit und Fülle dieser Arbeit freuen werden. Rivka und Ben-Zion Dorfman aus Jerusalem haben mich mit vielen Materialien aus ihrem Privatarchiv versorgt, die mir die Arbeit in Ungarn und der Tschechischen Republik erst ermöglichten. Ihr Enthusiasmus und ihre Bereitschaft, mich teilhaben zu lassen, waren beispielhaft. Orpah Slepak vom Israel Museum in Jerusalem verschaffte mir Kontakte und Adressen, die mir die Arbeit in Indien ermöglichten.

Julius Spokojny von der Israelitischen Kultusgemeinde Schwaben in Augsburg danke ich für die Sondergenehmigung zur Verwendung der Fotos aus Augsburg. Dank auch an Yaakov Margolin von der israelischen Fluggesellschaft El-Al, die meine Beleuchtungsausrüstung unentgeltlich transportiert hat. El-Al hat uns nicht nur sicher und bequem an unsere verschiedenen Bestimmungsorte und zurück transportiert, sie hat das auch ohne Verzögerungen und ohne Gepäckverlust getan. Shmuel Inditski von Hadar Photo Agencies in Tel Aviv hat uns großzügig eine Broncolor-Ausrüstung für die Dauer der Arbeit an diesem Projekt geliehen. Hadars hervorragender Service und seine Einrichtungen sind unübertroffen. Auch die EverColor Corporation in Kalifornien hat mich unterstützt und einen großen Teil der Kosten für den Pigmentpapierdruck der Mappe und der Ausstellung übernommen. Die Filialen der Image Bank haben überall in der Welt praktischen Beistand geleistet; vor allem war die Hilfe von Joachim Soyka in München für meine Arbeit in Augsburg wesentlich.

Diese Aufnahmen konnten nur dank der Hilfe einzelner Personen und jüdischer Gemeinden und Institutionen in der ganzen Welt zustande kommen. Ich danke ihnen allen für die Geduld, mit der sie mein Eindringen in ihre Synagogen und ihr Gemeindeleben ertragen haben. Viele nahmen mich auch gastlich auf. Ich kann sie nicht alle aufzählen, möchte aber doch einige nennen, die große Mühen auf sich genommen haben: Jack und Rudi DeZwart, Zoetermeer, Holland; Nicole Jally, Paris; Rafi Nektalov, Samarkand und Brooklyn; Albert Weizman, American Joint Distribution Committee, Casablanca; Ya'akov Semana, Casablanca; Ronald und Marilyn Delevante, Kingston, Jamaika; Sarah Pardo, Izmir, Türkei; Professor Nissim Ezekiel, American Joint Distribution Committee, Bombay; Samuel und Len Hallegua, Cochin, Indien; Bill und Martha Lumm, Port Gibson, Mississippi, USA; Museum of the Southern Jewish Experience, Jackson, Mississippi, USA; Ewa Wroczyniske, Tykocin, Polen. Bestimmt habe ich jetzt jemanden vergessen und kann nur um Nachsicht bitten.

Das Israel Museum und die Israel Antiquities Authority haben die Veröffentlichung der Fotos von Objekten im Israel Museum gestattet.

Jeremy Stavisky und Rabbi Tuvia Kaplan aus Jerusalem haben mir bei der Vorbereitung der Texte beigestanden und unschätzbare Einsichten in jüdische Vorschriften und Lehren vermittelt. Zvi Bernstein brachte mir die Midrasch nahe. Ich stehe in ihrer aller Schuld. Aber nur ich bin verantwortlich für etwaige Irrtümer. Lektorat und Herstellung des Verlags Aperture haben mit mir zusammengearbeitet, um dieses Buch so gut wie möglich zu machen: Ihnen allen bin ich dafür dankbar. Besonderen Dank schulde ich Michael Hoffman bei Aperture. Dieses Projekt war seine Idee.

PORTFOLIO

DASS ICH MITTEN UNTER IHNEN WOHNE:
HISTORISCHE SYNAGOGEN

ZWÖLF LICHTSCHUTZVEREDELTE FARBFOTOABZÜGE VON NEIL FOLBERG.

Szeged, Ungarn, Seite 142; Antike Synagoge von Bar Am, Israel, Seite 146; Aron Kodesch, Altneuschul, Prag, Tschechische Republik, Seite 145; Kehilat Hakodesch, Mád, Ungarn, Seite 126; Hechal, Synagoge Rue Nazareth, Paris, Frankreich, Seite 114; Portugiesische Synagoge, Amsterdam, Holland, Seiten 110–111; Canton-Synagoge, Venedig, Italien Seite 21; Synagoge im Haus Rubinow, Buchara, Usbekistan, Seite 54; Suiri-Synagoge, Tanger, Marokko, Seite 34; Vorhalle der Synagoge Beit-El, Raudenda, Indien, Seite 69; Temple Gemiluth Chessed, Port Gibson, Mississippi, USA, Seite 82; Ades-Synagoge, Jerusalem, Israel, Seite 151.

LIMITIERTE AUSGABE VON 50 EXEMPLAREN
EINER GEKENNZEICHNETEN NUMMERNSERIE UND 10 EXEMPLAREN
EINER GEKENNZEICHNETEN BUCHSTABENSERIE.
ALLE ABZÜGE SIND IM FORMAT 11 x 14 INCH UND VOM KÜNSTLER
SELBST HERGESTELLT UND SIGNIERT.

Zu beziehen durch Aperture, 20 East 23rd Street, New York, New York 10010, Telefon 001-212-598-4205, Fax 001-212-598-4015

Deutsche Erstausgabe.
1. Auflage, März 1996.

Die amerikanische Originalausgabe erschien unter dem Titel
»*And I Shall Dwell Among Them. Historic Synagogues of the World*« bei Aperture, New York.

An der Originalausgabe von *Daß ich mitten unter ihnen wohne* haben bei Aperture mitgearbeitet:
Michael E. Hoffman, Verlagsleiter; Michael Sand, Lektor; Diana C. Stoll, Mitlektorin; Stevan A. Baron, Herstellungsleiter; Sandra Greve, Herstellerin; Michael Lorenzini, Lektoratsassistent; Lara Frankena, Lektoratspraktikantin; Laurie Burgan, Herstellungspraktikantin.

Aus dem Amerikanischen übersetzt von Ilse Strasmann.
Lektorat der deutschen Ausgabe: Ekkehard Kunze und Martin Weinmann (Büro W, Wiesbaden).
Satz und herstellerische Betreuung der deutschen Ausgabe:
Dieter Kohler & Bernd Leberfinger, Nördlingen.
Gesetzt aus der Hiroshige und Garamond.
Farblithografie: Sele Offset Turin, Paris, New York.
Druck: Mariogros Industrie Grafiche, Turin, Italien.
Printed in Italy.

Dieses Buch gibt es nur bei Zweitausendeins im Versand (Postfach, D-60381 Frankfurt am Main) oder in den Zweitausendeins-Läden in Berlin, Essen, Frankfurt, Freiburg, Hamburg, Köln, München, Nürnberg, Saarbrücken, Stuttgart.

In der Schweiz über buch 2000, Postfach 89, Ch-8910 Affoltern a. A.

ISBN 3-86150-157-0